Sport und Ernährung
in Training und Wettkampf

Herzlichste Wünsche
Ihr
Prof. Breuer

SPORT UND ERNÄHRUNG

in Training und Wettkampf

von Prof. Dr. med. Kurt Biener
Institut für Sozial- und Präventivmedizin
der Universität Zürich

In Zusammenarbeit mit
Walter Schudel, eidg. dipl. Küchenchef,
ehemaliger Delegationskoch der
Schweizer Nationalmannschaft
für die Olympischen Spiele

Idee und Realisation:
Heidi und Gerold Albonico, Erlenbach ZH

Habegger

4. erweiterte Auflage

Fotos: Toni Baggenstos, Solothurn (Titelbild); Karl Hofer AG, Zürich; Walter L. Keller, Zürich; Keystone, Zürich; Bruno Oberlin, Derendingen
Gesamtherstellung
Habegger AG Druck und Verlag, 4552 Derendingen-Solothurn Schweiz
ISBN 3 85723 230 7

Vorwort

Die Ernährung des Sportlers ist ein Gebiet, das lange Zeit stiefmütterlich behandelt und von den einen in seiner Bedeutung verkannt, von den anderen jedoch überbewertet wurde. Aberglaube, Unkenntnis oder Nachlässigkeit haben manche Trainingsbemühung beim Wettkampfeinsatz zunichte gemacht. Unsachgemässe Nahrungszubereitung, Nahrungsaufnahme im falschen Zeitpunkt, zu grosse oder zu kleine aber auch unzweckmässig zusammengesetzte Mahlzeiten können im Wettkampf und Training verheerende Folgen haben.
Der moderne Athlet ist ernährungsbewusster geworden. Viele Fragen möchte er beantwortet wissen: Darf während einer sportlichen Leistung getrunken werden? Wie gross ist der Kalorienbedarf? Wie die optimale Zusammensetzung der Nahrung in verschiedenen Phasen des Trainingsaufbaus und im Wettkampf? Sind zusätzliche Gaben von Vitaminen und Mineralsalzen erforderlich? Muss Eisen verabfolgt werden? Wie lange vor dem Wettkampf darf die letzte Mahlzeit eingenommen werden und wie soll sie zusammengesetzt sein? Wie soll man sich auf langen Flugreisen und im Ausland ernähren? Dies und vieles andere mehr sind praktische Probleme, die jeden Sportler beschäftigen – beschäftigen müssen, wenn er Erfolg haben will.
Das Buch von Prof. Dr. K. Biener mit Beiträgen von H. und G. Albonico und dem bewährten Delegationskoch der Schweizer Olympiamannschaften W. Schudel kommt einem grossen Bedürfnis nach und schliesst eine seit langem bestehende Lücke.
Ich gratuliere den Autoren dieses Buches für ihre wertvolle und praxisnahe Arbeit, der ich eine möglichst weite Verbreitung in allen interessierten Kreisen des aktiven Sports wünsche.

Dr. med., Dr. med. h.c. Ulrich Frey
Ehem. Direktor
des Eidgenössischen Gesundheitsamtes,
Präsident der Schweizerischen Gesellschaft
für Sozial- und Präventivmedizin

Inhaltsverzeichnis

1. Teil von Prof. Dr. med. Kurt Biener

Praktische Sporternährung

2. Teil von Walter Schudel

Wie ernähren sich unsere Spitzensportler?

3. Teil von Heidi und Gerold Albonico

So verpflegen wir unsere Sporttreibenden

Anhang

1. Teil

Praktische Sporternährung

von Prof. Dr. med. Kurt Biener
Institut für Sozial- und Präventivmedizin
der Universität Zürich

Grundsätzliche Probleme der Sporternährung

Das Ziel der Sporternährung ist es, den Energiebedarf des Körpers in der Leistung zu decken und durch schmackhafte Auswahl und Zubereitung der Lebensmittel ohne Einschränkung des Nährwertes die Vitamin- und Mineralstoffspiegel zu erhalten. Der Kalorienbedarf variiert nach Sportart, Sportintensität, Trainingszustand und anthropologischer Typologie.

In einer Resolution der Internationalen Ernährungskonferenz in Hot Springs (USA) wurde seinerzeit erklärt, dass die Gesundheit, die Kraft und die Ausdauer sowie die Geisteshaltung durch die Ernährung fundamental beeinflussbar sind. Verschiedene Experten wiesen darauf hin, dass sie auch die seelische Verfassung des Menschen mitregulieren kann; diese Tatsachen können gerade beim sportlich aktiven Menschen erfolgentscheidend sein.

Die sportspezifische Ernährung rückt immer mehr in den Vordergrund der Forschungsbetrachtung auf der Suche nach noch besseren Leistungen. Über allgemeine Ernährungsgrundsätze im Sport ist eine umfangreiche Literatur erarbeitet worden, in den Einzelsportarten besteht darüber weniger Information. Erfahrungen liegen über Kalorien- und Flüssigkeits-Zufuhr sowie über Kostpläne für Ausdauerleistungen und für den Kraftsport (*Morehouse a. Rasch* 1963, *Graefe* 1964, *Greff et Bérard* 1966, *Åstrand* 1970, *Nöcker* 1978, *Schober* 1978, *Fasser* 1979, *Grandjean* o.J., *Biener* 1982/1983/1985, *Konopka* 1983/1984, *Berghold* u.a. 1984) vor.

Immer mehr aber strebt man Individualernährungspläne an, die auch spezielle Ernährungsgewohnheiten der Aktiven berücksichtigen sollen. Erfahrungen liegen u. a. vor bei Mittel- und Langstreckenläufern (*Jakowlew* 1953), bei Wintersportlern (*Angeloni* 1967), bei Radsportlern (*Israel und Weber* 1972, *Konopka* 1984), bei Gewichthebern und Ringern (*Biener* 1957) sowie bei Ruderern, Hochleistungsalpinisten (*Somogyi and de Wijn* 1979, *Fahrer* 1983, *Berghold* 1982, *Biener* 1984) und Fussballspielern (*Biener* 1985).

Dabei ist wichtig, eine Trainingskost von einer Wettkampfkost, von einer Zwischenwettkampfkost (Halbzeit, Turniere, Zehnkämpfer) und von einer Nachwettkampfkost zu differenzieren, die jeweils ganz anderen Grundsätzen unterliegen. Wertvoll sind bei allen weiteren Forschungen in dieser Richtung neben Kostversuchen auch die oft langjährigen Erfahrungen von Aktiven und Trainern selbst, welche sportmedizinisch interpretiert werden müssen.

Geschichte der Sporternährung

Auf der Speisetafel des klassischen olympischen Athleten in Hellas waren gekochte und gebratene Speisen sowie kalte Getränke verpönt. Feigen, Käse und Weizenbrot waren die Grundlagen der Ernährung. Milos von Croton war als Knabe mit Kornbrei und Käse grossgezogen worden: «Der Hausherr (Promachos) hatte einen grossen Teller des üblichen Breis bereitstellenlassen und sah dem hungrigen Knaben zu. Ein zweiter Teller voll nahrhaften Breis verschwand kaum weniger rasch. Er (Promachos) gab ihm Brot und Käse mit auf den Weg und verabredete die tägliche Mahlzeit in seinem Haus» (*Widmer* 1972). Auch enthielten sich die meisten Sportler des Weines während des Trainings. Im Gegensatz zu dieser mehr vegetabilen Kost verzehrten die römischen Athleten neben grossen Mengen anderer Lebensmittel auch viel Fleisch, wohl nicht zuletzt in der Vorstellung, die Tierkräfte gingen auf den Menschenkörper über. Galenos aus Pergamon wandte sich 158 n. Chr. energisch gegen diese römische Fleischathletik, und auch Philostratos empfahl später die Rückkehr zur mehr vegetarischen Trainingskost der griechischen Olympioniken. Diogenes spottete, Athleten wären stumpfsinnig, weil sie aus Schweinefleisch und Ochsenfleisch aufgebaut seien. In der Tat wurde Springern das Fleisch sprungkräftiger Ziegen, Schwergewichtlern fettes Schweinefleisch, Boxern und Werfern Stierfleisch empfohlen. Leichtathleten wurde der Genuss von fettarmen Fischen, die in der bewegten See unter den Klippen gefangen worden waren, angeraten.
Im Mittelalter blieb es relativ still um die Sportfragen und damit auch um Probleme einer Leistungsernährung.

Allerdings hat man in der Militärkost entsprechende Vorstellungen gehabt und verwirklicht.
In der Neuzeit folgten auf die Fleischeiweiss- und Steakolympiaden der vergangenen Jahrzehnte um 1936 die Obst- und Gemüsespiele von 1952, die Milch- und Milchmixolympiade von 1956, die Honig- und Dextropurspiele der sechziger, die Eisen- und Vitaminkonzentratfestivals der siebziger Jahre sowie die Energiebarrenolympiaden der achtziger Jahre. Heute sucht man den olympischen Atomtrunk, die spezifisch ausgeklügelte Weltrekordernährung — der Weg zum nutritiven Doping ist nicht weit.

Aberglaube in der Sporternährung

Abergläubische Ernährungsriten haben immer im Sport eine Rolle gespielt, besonders bei Langstreckenläufern, Gehern und Superkraftathleten. Radsportler legten sich Hirschschnitzel auf den Sattel und ritten sie während der Etappe mürbe, um sie am Abend gebraten und schweissgewürzt zu geniessen und am nächsten Tag schnell wie ein Hirsch zu werden. Geher nahmen Rehlosung zu sich, um die rasche Eleganz der Tiere zu erlangen. Ringer tranken rohen Fleischsaft von Stieren, um ihrer Kraft teilhaftig zu werden; besonders Metzgerburschen frönten zuweilen diesem Glauben als Gewichtheber oder Boxer. Schachspieler assen die windungsreichen Walnüsse (Baumnüsse), um ihrem windungsreichen Gehirn adäquate Nahrung zu bieten. Man kennt diesen Vergleich aus der Volksmedizin schon lange, beispielsweise in der Form, dass man sich ableitende Messer ins Bett legte oder von Ameisen oder Bienen stechen liess und damit die stichartigen Rheumatismusschmerzen vertreiben wollte. Meist lösten sich jedoch derartige Vorstellungen in schlichte Ernährungsgrundsätze auf, die eine moderne Forschung immer mehr fundiert und anwendbar macht. Mit Placebo-Versuchen kann man diese abergläubischen Meinungen meist sehr schnell entkräften. Immerhin sind die psychischen Komponenten solcher Vorstellungen z. B. bei einer individuellen Startvorbereitung manchmal nicht zu unterschätzen. Noch heute schwören manche Schützen auf das Glas Alkohol vor dem Match, um die

Aberglaube: Das Maskottchen des Fussballtorhüters

ruhigere Hand zu finden oder weniger gehemmt rechtzeitig abzudrücken.

Die Kalorie

Eine kleine Kalorie (cal) ist die Wärmemenge, welche nötig ist, um ein Gramm Wasser, eine grosse oder Kilokalorie (Kcal) ist diejenige Wärmemenge, welche nötig ist, um 1 Liter Wasser bei Zimmertemperatur um 1 Grad C zu erwärmen, genauer von 14,5 Grad Celsius auf 15,5 Grad Celsius. Wenn ein 71 kg schwerer Mensch eine Treppe 6 Meter hoch steigt, so entspricht das einer Arbeit von einer Kilokalorie (1 Kcal = 1000 cal). Um 1 Liter Wasser (= 1 kg) zum Kochen zu bringen (von 0 Grad auf 100 Grad), braucht es 100 Kilokalorien (100 Kcal). Um eine vergleichbare Arbeit zu leisten, müsste ein 71 kg schwerer Mensch 600 m hoch steigen, also ungefähr eine zweistündige Bergtour machen. 100 g Eiweiss liefern 410 Kcal, 100 g Fett 930, 100 g Kohlenhydrate (z. B. Zucker) 410, 100 g Kartoffeln 90, ein Stück Würfelzucker 18, eine Tafel Schokolade (100 g) 500. Wenn wir im nachfolgenden Test von Kalorien sprechen, handelt es sich stets um grosse Kalorien. Ein Läufer, der die Marathonstrecke von rund 42 km in 4 Stunden bewältigt, verausgabt rund 2500 Kcal. Ein guter 100-m-Sprinter verausgabt für diese Strecke 35 Kcal, er braucht dafür also 2 Stück Würfelzucker, der Marathonläufer 5 Tafeln Schokolade.

Ab 1975 wurde im ganzen EWG-Bereich ***neu*** die Grösse ***Joule*** eingeführt. Auf ***Joule*** kam man, als man eine Beziehung zwischen Wärme und Arbeit (Gewicht × Weg) finden wollte.
So gilt:
1 Kcal = 4184 Joules = 4,184 KJ
1 KJ = 0,24 Kcal
Der Umrechnungsfaktor beträgt also 4,18.
(siehe Tabelle S. 77)

Annähernd werden pro Aktivitätsminute folgende Kalorien im Sport benötigt (nach AAPHER 1972):

Abb. 1: Kalorienbedarf bei verschieden langen Laufstrecken

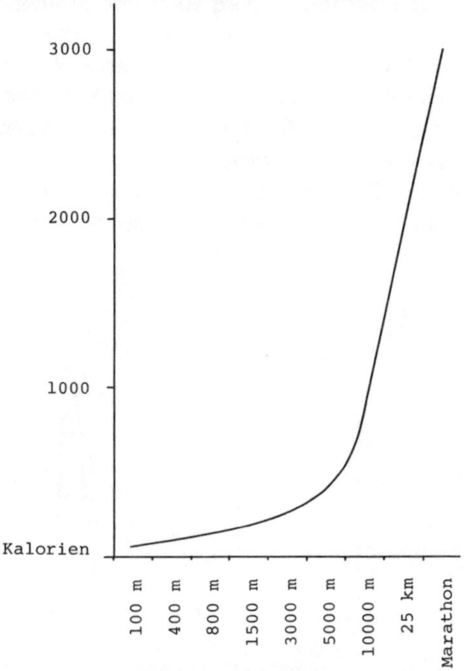

Sportart	***Kalorien pro aktive Minute***
Klettern	10,7—13,2
Fussball	8,9
Lauf Kurzstrecke	13,3—16,6
Lauf Cross-country	10,6
Tennis	7,1
Eisschnellauf	11,5
Skilanglauf mittleres Tempo	10,8—15,9
Skilanglauf maximales Tempo hangaufwärts	18,6
Schwimmen Rücken	11,5
Schwimmen Brust	11,0
Schwimmen Crawl	14,0
Ringen	14,2
Radfahren	4,5—11,1

Der Energiebetrag für die mechanische, also auch die meiste sportliche Leistung, wird in mkg gemessen. Ein mkg ist dann gearbeitet worden, wenn man 1 kg 1 m hoch gehoben hat (oder 10 kg 10 cm hoch oder 100 g 10 m hoch). Eine Kcal entspricht 427 mkg.
Ein 100-m-Läufer in 11 Sekunden braucht wie gesagt 35 Kalorien, ein 400-m-Läufer in 48 Sekunden 100, ein 5000-m-Läufer in 15 Minuten 450 und ein 10 000-m-Läufer in 30 Minuten 750 Kalorien. Beim Handballspiel 2 x 20 Minuten gehen 900, beim Boxen 3 x 3 Minuten gar nur 200 Kalorien verloren. Dafür benötigt man für einen 30-km-Skilauf in

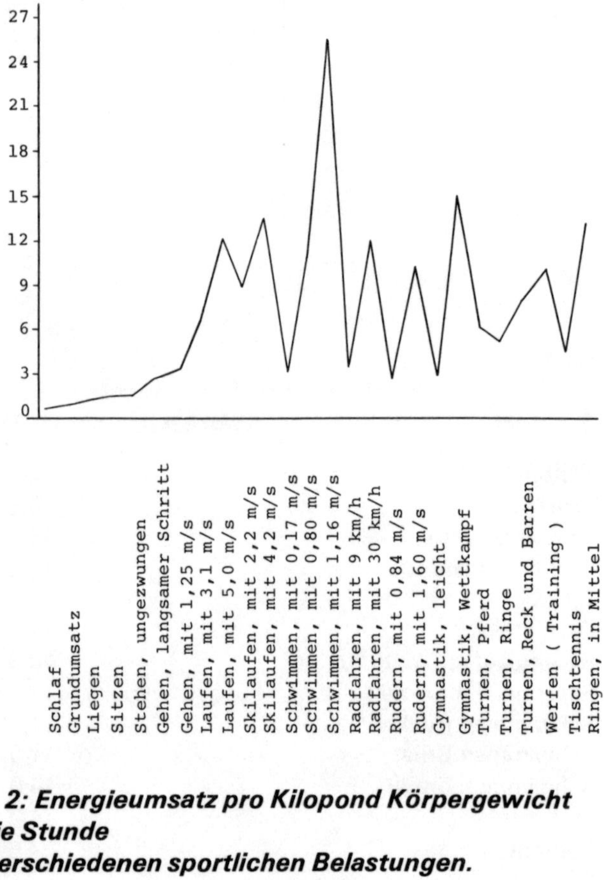

Abb. 2: Energieumsatz pro Kilopond Körpergewicht und je Stunde
bei verschiedenen sportlichen Belastungen.

rund 2 Stunden 2400 und einen 50-km-Skilauf in 3 Stunden sogar 4000 Kalorien (Abbildung 1).
Als Grundumsatz wird der Energieverbrauch nüchtern in völliger Entspannung bezeichnet; er beträgt bei einem vierzigjährigen, 180 cm grossen und 75 kg schweren Mann rund 1700 Kcal/Tag.

Energieverbrauch im Sport

Der Energieverbrauch einzelner körperlicher Funktionsabläufe wird in nachstehender Tabelle zusammengestellt. Man kann errechnen, wie hoch man bei entsprechendem täglichem Training theoretisch in der Kostzufuhr gehen könnte, wenn man derartige Lebensmitteltabellen zur Umrechnung der Kalorienanteile bestimmter Speisen in Gewichtsmengen zu Hilfe nimmt. Der Tageskalorienbedarf eines Sportlers wird aus dem Körpergewicht und aus dem Energieverbrauch an Hand des Trainingsplanes festgestellt. Für 8 Stunden Schlaf wären bei einem Energieverbrauch von 0,93 Kalorien pro kg/Körpergewicht und Stunde für einen 75 kg schweren Menschen 8 × 0,93 × 75 = 558 Kalorien notwendig. Für 18 km Radfahrt in 2 Stunden würde eine Person von 75 kg eben 2 × 3,54 × 75 = 431 Kalorien benötigen, für 18 km Skilanglauf in 2 Stunden 2 × 9,00 × 75 = 1350 Kalorien.

Kalorienverbrauch pro 1 kg Körpergewicht pro Stunde

Im Alltag	
Gehen 6 km/Std	3,70
Leichte Morgengymnastik	3,00
Schwimmen 16 m/Min.	3,00
Gehen 3 km/Std.	2,50
An- und Auskleiden	1,69
Theorieunterricht, Vorlesung	1,50
Liegen im Wasser (18° C)	1,25
Stehen straff	1,23
Stehen schlaff	1,06
Sitzen	1,04
Grundumsatz liegend, nüchtern	1,00

Grundumsatz mit Verdauung	1,10
Schlaf	0,93
Im Sport	
100 m in 11 Sekunden	200,00
400-m-Lauf/Min.	85,00
300-m-Lauf/Min.	15,00
Radfahren 30 km/Std.	12,00
Schwimmen 50 m/Min.	10,72
Lauf 9 km/Std.	9,50
Skilauf 9 km/Std.	9,00
Rudern, Rollsitz 6 km/Std.	7,38
Kanufahren	7,00
Tischtennis	4,50
Reiten (Trab)	4,20
Radfahren 9 km/Std.	3,54

In Abb. 2 ist der Energieumsatz in Kalorien pro Kilopond Körpergewicht und je Stunde bei verschiedenen sportlichen Belastungen grafisch dargestellt.

Aufschlussreich ist eine Gegenüberstellung, welche Kalorienmenge für eine bestimmte körperliche Tätigkeit notwendig ist. Aus derartigen Beispielen kann man ersehen, wie sich der Sportler mit seiner Trainings- und Wettkampfleistung kalorisch mengenmässig ungefähr einzustellen hat. Als Vergleichswerte geben wir auch einige berufsbezogene Hinweise. Die Sportleistung bzw. die Arbeit ist auf je eine Stunde unter mittlerer Belastung gerechnet, d. h. der Kalorienverbrauch wird während einer Stunde dieser Tätigkeit angegeben.

Für 1 Stunde Tätigkeit	***braucht man***
Alpines Klettern	760 Kalorien
Fussball spielen	708 Kalorien
Vita Parcours	590 Kalorien
Skilaufen	560 Kalorien

Tennis	420 Kalorien
Rudern	410 Kalorien
Federball	400 Kalorien
Treppen hinabsteigen	360 Kalorien
Golf spielen	302 Kalorien
Holz hacken	290 Kalorien
Gymnastik	290 Kalorien
Dauerlauf	270 Kalorien
Kegeln	259 Kalorien
Schlendern, Bummeln	127 Kalorien
Stehen	113 Kalorien
Sitzen	94 Kalorien
Schlafen	76—63 Kalorien

Die Zahlen verstehen sich jeweils in Abhängigkeit von Geschlecht, Alter, Körpergewicht, Grösse und Trainingszustand sowie von der Temperatur und den geographischen Gegebenheiten. Bei weiteren Sporttätigkeiten sind jeweils entsprechende Untersuchungen hinsichtlich eines Kalorienverbrauchs durchgeführt worden, die meist auf Laufbändern oder auf dem Fahrradergometer gemessen werden.

Kindersporternährung

Kinder und Jugendliche haben einen höheren relativen Kalorienbedarf als Erwachsene. Bei Kindern im Alter von 3 — 6 Jahren kann man einen mittleren Kalorienbedarf von 1500 pro Tag rechnen, im Alter von 6—9 Jahren von 2000, bei Mädchen von 9—12 Jahren von 2250 und bei gleichaltrigen Knaben von 2500 sowie bei Mädchen von 12—15 Jahren von 2500 und bei gleichaltrigen Knaben von 3000 Kalorien. Weibliche Jugendliche von 15—18 Jahren brauchen bereits wieder mit 2400 Tageskalorien etwas weniger, männliche Jugendliche gleichen Alters aber mit 3300 bedeutend mehr als mit 12—15 Jahren (Abbildung 3). Diese Verhältnisse sind im Sport zu berücksichtigen. Sporttreibende Kinder sollen auch ausserhalb des Leistungssports eiweissreich ernährt werden. Für eine Schulsportstunde werden im Mittel 300—400 Kalorien eingeplant. Die Kostmodalitäten müssen geordnet sein. Ein ausreichendes Frühstück in Ruhe vor

Abb. 3: Kalorienbedarf für Menschen verschiedener Altersstufen.

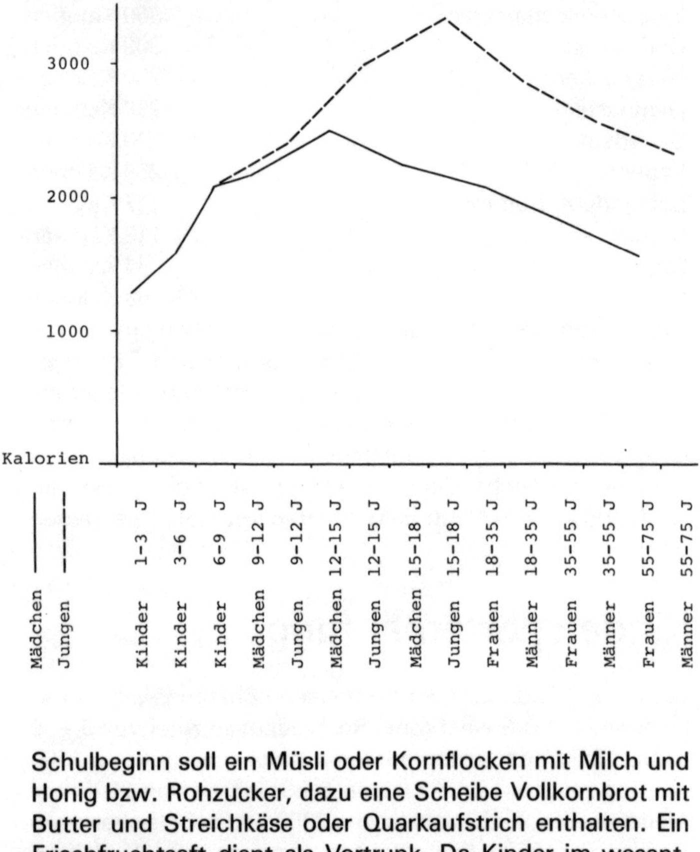

Schulbeginn soll ein Müsli oder Kornflocken mit Milch und Honig bzw. Rohzucker, dazu eine Scheibe Vollkornbrot mit Butter und Streichkäse oder Quarkaufstrich enthalten. Ein Frischfruchtsaft dient als Vortrunk. Da Kinder im wesentlichen flüssige und halbflüssige Nahrung lieben, sind ein Milchkakaotrunk oder eine Ovomaltine zu empfehlen. Am Mittag soll die Hauptmahlzeit viel Gemüse, wenn möglich etwas Rohkost (Rüeblisalat, grüner Salat, Tomatensalat) enthalten. Zum Z'nüni und zum Z'vieri ist Obst ratsam, zusammen mit zwei bestrichenen Knäckebrot- oder Ruchbrotscheiben. Das Abendessen soll nicht zu üppig und nicht zu spät erfolgen. Die Esskultur ist anzuerziehen. Die Eltern müssen in der Essdisziplin den Kindern Vorbild sein; am eingeschalteten Fernsehgerät wird nicht gespeist.

Süssigkeiten ersetzen keine Vollwertkost. Auch der mitgegebene Franken wird nur zu oft in Leckereien und Speiseeis statt in eine wertvolle Schulmilch umgesetzt. Süssigkeiten, Schokolade, Gebäck sind nicht abzulehnen; sie gehören jedoch als Dessert ans Ende der Hauptmahlzeiten. Nach jeder Mahlzeit ist es unerlässlich und eine «sportliche Ehrensache», die Zähne sauber zu spülen bzw. zu bürsten, um der Zahnfäule zu wehren. Perioden von Inappetenz bei Kindern folgen meist Zeitabschnitte guter Kostaufnahme; man soll gerade auch sporttreibende Kinder nicht zum intensiven Essen zwingen. Sechsjährige Kinder brauchen bis zu zwei, elfjährige Kinder bis zu zweieinhalb Liter, sporttreibende Kinder noch mehr Flüssigkeit am Tag; Brauselimonaden sind nach Möglichkeit durch mit Mineralwasser verdünnte Fruchtsäfte zu ersetzen. Hauptgetränk bleibt die Milch.

Alterssporternährung

Immer mehr wird der Entwicklung des Alterssports Beachtung geschenkt. Im Alter bleibt die Ausdauer die Domäne des Menschen. Damit ist eine kohlenhydratreiche Sportkost angezeigt, die in vollem Einklang mit der sonstigen Alterskost steht. Dabei sind oft Vorurteile und Unwissenheit bzw. Gleichgültigkeit Hauptursachen einer falschen Alterernährung, welche oft zu fett, zu unregelmässig oder zu kalt ist. In den Alterssportgruppen ist Gelegenheit, auch über eine sportgerechte gesunde Ernährung aufzuklären. Ein zu starker Eiweissmangel leistet beispielsweise einer raschen Ermüdung, einem vorzeitigen Kräfteverfall Vorschub und erhöht die Infektionsanfälligkeit. Fleischeiweiss soll zugunsten des purinfreien Milcheiweisses in jeder Form (Quark, Joghurt, Milchdrinks) reduziert werden. Die sportgerechte Alterskost ist im wesentlichen eine Entlastungskost. Für über 60jährige Teilnehmer an Skilangläufen, Volksläufen, Volksmärschen, Orientierungsläufen und alpinen Touren sind zusätzlich eine kohlenhydratreiche Breikost mit Honig und geschnitzelten Trockenbananen bzw. Rosinen sowie entsprechende Fruchtsaftdrinks als letzte Mahlzeit vor dem Start ratsam.

Quantität der Sporternährung

Viel hilft nicht immer viel. Wir stecken gegenwärtig in einer Überfütterungswelle, die auch vor dem Sportler und seiner Kalorienvorstellung nicht halt macht. Im Jahre 1880 sollte der Mensch 3100 Kalorien essen, er konsumierte aber im Mittel nur 2600. Heute sollten wir pro Mann 2500 Kalorien essen, futtern aber 3000 Kalorien am Tag. Mit einem Stück Torte im Bauch könnten wir 2,5 Stunden wandern, mit 3 Flaschen Bier 1,5 Stunden schwimmen und mit einer Bratwurst plus Brötchen zwei Stunden radfahren. Es handelt sich um je 500 Kalorien, die wir dabei aufnehmen bzw. verbrauchen. Der tägliche Kalorienverbrauch bei einem Sportler von rund 150 Pfund Körpergewicht übersteigt Werte von 5000 Kalorien nur in wenigen Sportarten. Eine Kost mit über 7000 Kalorien/Tag führt zu Störungen im Verdauungstrakt und einer Verminderung der Ausnützung der Nährstoffe. Zur Regelung der Kalorienaufnahme dient die Waage und nicht der Appetit; das Idealgewicht ist täglich einzuhalten. Warnung soll das Beispiel eines mitteleuropäischen Zehnkämpfers sein, der nach massiver Fett- und Eierkost sowie auch sportlich unverzeihlichem Zigarettenkonsum mit 31 Jahren am Herzinfarkt zusammenbrach und in der Sektion eine deutliche Verkalkung der Herzkranzgefässe aufwies; als Vorstufe der Gefässverkalkung (Arteriosklerose) gilt in gewisser Hinsicht eine Verfettung der mittleren Gefässwandschichten. Gerade der Schwer- und Schwerstathlet bedarf kluger sportspezifischer Ernährungsberatung, um aus ihm später keinen Herzinfarktkandidaten zu machen. Bewahren wir unsere Meisterschwinger, unsere Werfer sowie die Boxer, Ringer und Gewichtheber der schweren Klasse vor einem exponierten Infarktrisiko jenseits des 40. Lebensjahres.

Einen optimalen Durchschnitts-Standard der Sporternährung gibt es nicht. Immer werden Individualernährungspläne ausschlaggebend und damit zu erarbeiten sein.

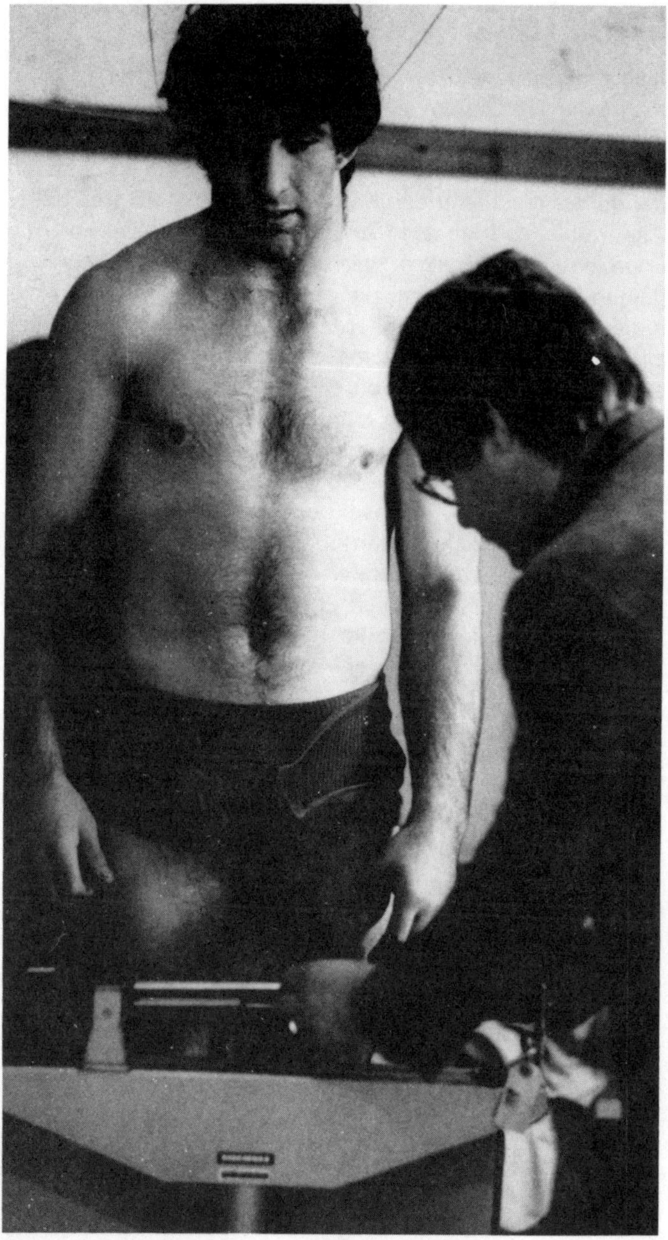

Ringer auf der Waage

Kohlenhydrate im Sport

Kohlenhydrate sind als «Muskelbenzin», als Glykogen im Körper zu 110 Gramm in der Leber, zu 250 Gramm im Muskel und zu 15 Gramm in den Körperflüssigkeiten gespeichert, also zu insgesamt 375 (bis 400) Gramm. Die Zahlen der daraus resultierenden Kalorien betragen 1500 (bis 1600). Alle Kohlenhydrate sind leicht verbrennbar; sie sind die Energiequelle bei allen sportlichen Hochleistungen und dienen zur Bereitstellung der aeroben Energie für den Ausdauersport. Ein Überangebot von mehr als 1000 g kann allerdings Gärungen im Darm und Durchfall bewirken; nicht selten ist so die Kondition durch den Mastdarm buchstäblich verloren gegangen, wenn man zuviele Kohlenhydratenergie speichern wollte. Eine Traubenzuckerzufuhr ist eigentlich erst vor einem 10 000-m-Lauf, welcher 700 Kalorien benötigt, erforderlich, ebenso bei Radfernfahrten, bei Skilangläufen über 20 km, eventuell in der Fussballhalbzeit. Bei Marathonläufen wurden Haferschleim mit Zucker, bei Vasaläufen Heidelbeersäfte, beim Engadiner Skimarathon heisse Fruchtsäfte gereicht — oder bei starkem Schweissverlust Trinkbouillon. Fruchtzucker ist rascher abberufbar als Traubenzucker; Bienenhonig hat sich gut bewährt. Die «schnelle Pulle» der Etappenfahrer bestand in leicht verdaulicher Schleimnahrung (Soja, Sago, Hafer, Reis) zusammen mit Zuckerkonzentraten und/oder Fruchtsäften. Bienenhonig und Fruchtzucker sind dem Zucker in roher Form vorzuziehen.

Bei der Vorbereitung von Sportlern soll man innerhalb der letzten 3 Tage reichlich Kohlenhydrate zuführen. Eine spezielle Kohlenhydratzufuhr eine Stunde vor dem Start ist nur bei Leistungen von länger als 1 Stunde nötig. Fussballspieler haben sich nach entsprechender Ernährung wesentlich intensiver am Spiel in der zweiten Halbzeit beteiligt und Geher grössere Geschwindigkeiten erzielt als Kontrollprobanden ohne jegliche vorhergehende Abendkost, wie schwedische Versuche zeigten (*Saltin and Carlsson* 1972).

Kohlenhydrate sind in sämtlichen Nährmitteln, die aus Körnerfrüchten bestehen, sowie in Kartoffeln, im Gemüse und in allen zuckerhaltigen Speisen enthalten. Die kohlenhydratreichsten Nahrungsmittel sind pro 100 g:

Rübenzucker (99,8 g/408 Kal) — Traubenzucker (99 g/406 Kal) — Honig (81 g/334 Kal) — Griess (76 g/350 Kal) — Knäckebrot (68 g/345 Kal) — Äpfel/Birnen getrocknet (58 g/260 Kal).

Fett im Sport

Beim Sportler ist das Nahrungsfett weniger wichtig als Kohlenhydrate oder Eiweiss. Eine fettreiche Kost bietet zwar den Vorteil eines kleinen Volumens, eines hohen Sättigungsgrades und einer gewissen Schmackhaftigkeit, doch ist bekannt, dass bei zu fettreicher Ernährung besonders im Dauersport ein Leistungsabfall mit deutlichem Absinken des Nutzeffektes der Muskulatur entstehen kann. Eine zu hohe Fettzufuhr beeinflusst auch den Stoffwechsel und die Leberfunktion nachteilig. Der Gesamtkalorienanteil an Fett soll deswegen 25% nicht überschreiten.
Andererseits sind Fette als konzentrierte Energieträger bei langdauernden Leistungen schon unentbehrlich. Wir wissen von Kamelen in langen Wüstenmärschen, von Vögeln im Sturm und von Zugvögeln, von langfristig schwirrenden Kolibris, von Heuschreckenschwärmen, Schildkröten, von den Laichzügen der Lachse und Aale, dass die oft gewaltigen Ausdauerdistanzen durch Kalorien aus Fettenergiedepots ermöglicht werden. Man kann auch das Beispiel jener 19 Männer nennen, welche 10 Tage lang täglich 50 km ohne Nahrungszufuhr, ausser täglich 4 Deziliter Fruchtsaft, in Schweden 1964 von Kalmar nach Stockholm (500 km) marschierten und mit durchschnittlich 7 kg vermindertem Körpergewicht in bester körperlicher Verfassung in der schwedischen Hauptstadt ankamen. Auch bei Kanalschwimmern werden kleine Fettpolster im Bereich der Hüften nicht nur der Delphinform wegen als günstig erachtet. Immerhin muss man sich bewusst sein, dass in der heutigen Zivilisationskost viel heimliches Fett in den Speisen verankert ist; in der Durchschnittsbevölkerung werden bis zu 45% der Gesamttageskalorien als Fett zugeführt, während es vor 1900 noch rund 15% waren. Übermässig viel Fett in der Kost für Schwerarbeiter ist genau so abzulehnen wie für

Hochleistungssportler, da hohe Blutfettspiegel einen Risikofaktor für Herzinfarkt darstellen. Ein halbstündiger täglicher rascher Spaziergang verbraucht total erst in 10 Jahren 80 kg Körperfett; wir haben also ausreichend Fett gespeichert, um selbst Dauerleistungen zu bewältigen. Die im Körper in Form von Fett gespeicherte Energie beträgt rund 50 000 Kalorien.

Der Sportler soll sich in seiner Privatkost an die Regel halten, mehr Fett zum Essen als heimlich im Essen zu konsumieren. An diese Regel sollen sich auch die Ernährungspläne in Trainingszentren halten. Bei Kälte im Wintersport können Fette etwas vermehrt in der Sportlerkost angeboten werden, vielleicht um 100—125 g/Tag.

Innerhalb der Verhütung von Risikofaktoren eines Herzinfarktes bzw. der Atherosklerose (Gefässverkalkung) kommt auf Grund neuer Forschungen dem Fettstoffwechsel grosse Bedeutung zu. Zur Erkennung der Höhe des Spiegels der an Eiweiss gebundenen Fette (Lipide, besser Lipoproteine) bestimmt man das Cholesterin sowie die Triglyceride im Nüchternblut. Auf Grund ihrer unterschiedlichen Dichte teilt man die Lipoproteine ein in Chylomikronen, in sehr wenig dichte Lipoproteine (VLDL), in wenig dichte (LDL) sowie in sehr dichte (HDL = high density lipoproteins). Die Triglyceride sind meist an das VLDL gekoppelt, das Gesamt-Cholesterin ist auf alle 4 Fraktionen verteilt. Während aber nun das LDL-Cholesterin die Atherosklerose und damit Herz- und Hirnschlag fördert, bewahrt das HDL-Cholesterin eher davor. Beim Ausdauersportler wird mit täglich intensivem Training das «wertvolle» HDL-Cholesterin eindeutig erhöht. Man hat gezeigt, dass die Konzentration von HDL-Cholesterin mit Trainingszunahme bzw. Anstieg der maximalen Sauerstoffaufnahme zunimmt, das «gefährliche» LDL-Cholesterin jedoch gesenkt wird (*Schnabel u.a.* 1980, *Berg u.a.* 1980, *Jeschke u.a.* 1980, *Wirth u.a.* 1980). Dabei kann das Gesamtcholesterin gleichbleiben; fraktionierte Bestimmungen sind also nötig. *Kindermann* und sein Arbeitskreis (1981) zeigten, dass neben Ausdauersportarten vor allem auch Ballspiele aller Art das LDL-Cholesterin reduzieren; altersspezifische Unterschiede scheinen nicht zu bestehen, es ist also nie zu spät, ein entsprechendes Freizeit-Training aufzunehmen. Das Herzinfarktrisiko wird gesenkt.

Nach Untersuchungen von *Schürch, Rinke und Hollmann* (1981) nehmen bei Ausdauerbelastungen die «erwünschten» ungesättigten Fettsäuren im Blutplasma zu, die «unerwünschten» gesättigten jedoch ab. *Howald u. a.* (1971) haben bei Skilangläufern entsprechende Untersuchungen durchgeführt. Weitere Forschungsergebnisse zur Frage des Verhaltens der Fettsäuren bei intensiver körperlicher Belastung sind von *Donike u. a.* (1974), von *Liesen u. a.*, von *Stratmann* (1973) sowie von *Keul und Haralambie* (1970) vorgelegt worden. Gesättigte Fettsäuren sind hauptsächlich in den Mastfetten (Schweinespeck, Rindertalg, Gänseschmalz) sowie bis zu 92% im Kokosfett (Palmöl) enthalten. Die wertvollen Pflanzenfette (Distelöl, Sonnenblumenöl, Leinöl, Rapsöl) enthalten mehrheitlich ungesättigte Fettsäuren.

Eiweiss im Sport

Eiweiss ist ein wichtiges Bauelement unseres Körpers. Bei intensiver Muskelarbeit steigt der Proteinumsatz und damit der Proteinbedarf, wobei nicht die Dauer, sondern die Intensität entscheidend ist. Die Eiweisszufuhr bei Schnellkraftleistungen mit hohen Anforderungen an die psychophysische Konzentration liegt bei 1,5 g/kg Körpergewicht am Tag (Kraftsportler und Schnellkraftsportler), während der Aus-

Eiweissbedarf bei verschiedener Belastung im Leben und im Sport (Gramm Eiweiss pro kg/Kö/Tag)

Für Erwachsene im Mittel (unabhängig von der Arbeit)	1,0
Für Schwangere	1,5
Für Stillende	2,0
Für Kinder im 1.–3. Lebensjahr	3,5
Für Kinder im 3.–5. Lebensjahr	3,0
Für Kinder im 5.–15. Lebensjahr	2,5
Für Jugendliche von 15–18 Jahre	2,0
Für Jugendliche von 18–21 Jahre	1,5
Für Kraftsportler	1,5
Für Ausdauersportler	1,2

dauersportler 1,2 g/kg nicht unterschreiten sollte. Kinder brauchen in der Wachstumsphase vermehrt Eiweiss.
Die biologische Wertigkeit des Eiweisses ist unterschiedlich. Von den 32 bekannten Aminosäuren kann der Mensch 24 selbst aufbauen, 8 jedoch müssen als essentielle Aminosäuren zugeführt werden.
Neben einem Bilanzminimum ist ein funktionelles Eiweissminimum zur sportlichen Leistungsfähigkeit einzuhalten. In Leistungsversuchen (*Nöcker* 1974) auf dem Ergometer bei ansteigender Belastung bis zur subjektiven Erschöpfung ergaben sich bei reduzierter Eiweiss- und kompensatorisch erhöhter Kohlenhydratzufuhr bei stets gleichen Fettanteilen ein deutliches Absinken der Arbeitsökonomie, ein unökonomischer Anstieg des Leistungspulsindexes und ein deutlicher Abfall der Fahrzeit von 24 auf 19 Minuten. Die niedrigsten Werte wurden bei praktisch eiweissfreier Kost gesehen. Auch für die Funktion der Stoffwechselfermente, der Serumeiweissanteile und der Proteinsynthese in den Mitochondrien der Muskelzellen sowie der Atmungsfermente im Skelettmuskel sind Eiweissdefizite verhängnisvoll. Trainierte Ratten mit Eiweissüberschuss liefen 1,6 mal länger als Ratten mit normaler Kost. Reichliche Eiweisszufuhr steigert die Konzentration an Myoglobin und sauerstoffübertragenden Enzymen im Muskel während des Trainings. Nicht zuletzt haben Versuche ergeben, dass die Erregbarkeit des Nervensystems durch reichliche Eiweissgaben gesteigert wurde, ebenso die Konzentrationsfähigkeit und die sportpsychologische Leistungsbereitschaft. Die Spontanaktivität von Ratten sank an Tagen mit eiweissfreier Kost.
Im Krafttraining ist für einen Muskelsubstanzzuwachs ein gewisser Eiweissüberschuss erforderlich. *Jakowlew* (1953) fordert 170–180 g Eiweiss am Tag für Springer/Werfer/-Sprinter und 130 g für Langstreckler; allerdings ist diese Menge vom Körpergewicht abhängig zu machen. Auch im Schnellkraftsport wirkt eine gewisse Eiweisszufuhr leistungssteigernd. Es ist aber übertrieben, wenn sowjetische Gewichtheber an Weltmeisterschaften schon am frühen Morgen 3 Portionen Tatar mit Eigelb und Pfeffer zu sich nahmen. Wie erwähnt, haben früher deutsche Gewichtheber besonders als Metzgerburschen rohen Fleischsaft ge-

trunken. Die klassischen Versuche in diesem Forschungsbereich haben bei täglicher Gabe von 55 g Eiweiss keine messbare Kraftvermehrung ergeben, erst bei 110 g mit ententsprechendem Muskelzuwachs. Bei 70 g Tagesmenge kommt es bereits zu einem Absinken der Kraft.
Allerdings wird mit Recht vor einem «Steak- und Eiweissrummel» gewarnt. Der Muskelbrennstoff wird im wesentlichen durch Kohlenhydrate und Fette bereitgestellt. Es ist also nicht nötig, massive Eiweissmengen zu konsumieren. Besonders bei Sportlerinnen wird von einer übertriebenen Eiweiss-Zufuhr abgeraten.
Als wertvolle Eiweissquelle mit einem Eiweissgehalt von 40% steht die Sojabohne zur Verfügung. Als Sojamehlpräparate oder als Sojamilch aufgearbeitet, stellt diese Leguminose ein vollwertiges und preisgünstiges Nahrungsmittel auch in der Sporternährung dar. Sojaeiweiss ergänzt Reis- oder Weizeneiweiss auf das beste.

Nahrungsmitteltabelle zur Sporternährung

Im folgenden soll eine kleine Tabelle der Kalorienträger in der Sporternährung zusammengestellt werden, die gleichzeitig die Anteile an Eiweiss, Fett und Kohlenhydraten erkennen lassen.

Beispiel:
In 100 g Buttermilch sind 40 Kalorien. Davon entfallen:
4 Anteile oder 20 Kalorien auf Eiweiss,
1 Anteil oder 5 Kalorien auf Fett,
3 Anteile oder 15 Kalorien auf Kohlenhydrate.

In 100 g sind enthalten:

	Kalorien	Eiweiss	Fett	Kohlenhydrate
Milchprodukte				
Vollmilch	70	4	4	4
Milchdrinks	55	4	2,8	4
Buttermilch	40	4	1	3

	Kalorien	Eiweiss	Fett	Kohlen-hydrate
Magermilch	35	4		4
Butter	800	–	80	–
Quark	250	15	20	–
Fettkäse	350	25	25	3
Magerkäse	200	30	5	5
Rahm 20 %	200	3,5	20	3,5
Fleischprodukte				
Rindfleisch	200	20	10	–
Kalbfleisch	100	20	2	–
Leber	120	17	3	3
Hühnerfleisch	100	20	2	–
Körnerprodukte				
Weizenmehl	350	9	0,5	72
Haferflocken	350	12	6	65
Teigwaren	350	11	0,5	70
Grahambrot	200	6	0,5	44
Weissbrot	250	5,5	0,5	57
Zwieback	350	7,5	2	73
Reis	350	6	0,5	76
Früchte				
Äpfel	50	0,5	–	12
Bananen	90	1	–	22
Birnen	50	0,5	–	12
Zitronensaft, Orangensaft	50	0,5	–	10
Nüsse	600	12	52	11
Mandeln	550	15	48	11
Gemüse				
Blumenkohl	25	2	–	4
Karotten	30	0,5	–	7
Kartoffeln gekocht	100	2	–	21
Spinat	10	1,5	–	1,5

	Kalorien	Eiweiss	Fett	Kohlenhydrate
Sonstiges				
Ei insgesamt 50 g	80	5,5	5	—
Eigelb (16 g)	60	2,5	5	—
Forelle	100	20	2	—
Olivenöl	900	—	96	—
Schokolade	450	5	23	55
Kakao	300	27	13	20

Mineralstoffe und Spurenelemente

Sportler haben einen erhöhten Mineralstoffbedarf. Manche Aktive haben beispielsweise durch Kochsalzverluste mit massiver Schweissproduktion Alkalosen mit Leistungsminderung, ja sogar Salzmangelkrämpfe erlebt; allerdings kommt es nur sehr selten zu diesen Zuständen, weil ein NaCl-Defizit durch kochsalzhaltige Nahrungsmittel rasch ausgeglichen wird. Ein weiteres Beispiel ist die Eisenzufuhr mit der Nahrung, welches für die Hämoglobinbildung und damit für die O_2-Bindung im Blut entscheidend ist. Eisenverluste können ebenfalls durch Schwitzen entstehen.

Tabelle «Mineralstoffe und Spurenelemente in der Sporternährung» im Anhang.

Mangel, aber auch Überschuss an diesen Stoffen machen sich beim Sportler unter Umständen deutlich bemerkbar; zuweilen werden sie übersehen, als Trainingsmangel oder Übertraining missgedeutet oder als interkurrente Erkrankungen fehlbehandelt. Bei Kaliummangel stellen sich Erbrechen, Diarrhoe, Nierenstörungen, EKG-Veränderungen ein, bei Überschuss extreme Relaxation (Erschlaffung) und eine Kaliumintoxikation (Vergiftung), ebenfalls mit EKG-Abnormitäten. Bei Kochsalzmangel zeigen sich Muskelkrämpfe, Ödeme, Oligurie (Harnmangel) bei Überschuss Unruhe, Spannung, Blutdrucksteigerung, Tachykardie (schneller Puls). Ein Mangel an Kalzium fällt durch Muskel-

schmerzen, Herzrhythmusstörungen, Müdigkeit, Tremor (Muskelzittern) und Spasmen (Muskelkrämpfe) auf, ein Überschuss durch eine wachskerzenartige, starreähnliche Tonussteigerung (Kalziumrigor) mit ruckweisen zahnradartigen Kontraktionsabläufen. Ein Phosphormangel imponiert neben Wachstumsminderung und Zahnstörungen dem Sportler durch deutlichen Ausdauer- und Kraftverlust, ein Überschuss behindert die wichtige Eisenabsorption im Körper. Ein Eisenmangel macht sich durch Blutarmut (Anämie), trockene spröde Haut, rissige Fingernägel, zuweilen (entzündete) Mundwinkeleinrisse und Schluckbeschwerden bemerkbar, ein Überschuss in Gastritis (Magenschleimhautentzündung) und/oder Neigung zu Hämmorrhagien (Blutungen) bemerkbar. Bei allen derartigen Erscheinungen sollte sich der Sportler ärztlich beraten lassen; durch eine Ernährungsregulierung sind oft viele unklare Symptome auch einer sportlichen Leistungsminderung zu beheben. Normalerweise werden durch eine landesübliche Vollwertkost jedoch derartige Schäden vermieden.
Stucke u. a. (1979) haben nach Magnesiumgaben bei 25 Sportstudenten wohl eine Erleichterung der muskulären Belastungsempfindung, jedoch keine Veränderung des Herz- und Kreislaufverhaltens bei Ergometerbelastung gefunden.

Vitamine und Sporternährung

Ein Abfall des Eisens im Blut nach Ausdauerleistungen führt zu verminderter Leistungsfähigkeit. Nur bei niedrigen Serumeisenwerten sollten jedoch peroral Eisenpräparate verabreicht werden (*Dufaux u. a.* 1980).
Im Sport besteht ein erhöhter Bedarf besonders an Vitaminen B, C und E, wenn auch dieser Bedarf nicht überschätzt werden darf (*Prokop* 1961, 1981, *Böhlau* 1984, *Winter und Köhler* 1985). Die Vorstellung, dass sehr hohe Vitamingaben besonders vor Wettkämpfen notwendig seien, ist bei Leistungssportlern weit verbreitet, obwohl sogar vor einer Hypervitaminose gewarnt wird (*Nöcker* 1970). Eine bedenkenlose Vitaminzufuhr in Konzentratform ist also nicht ratsam (*Morehouse and Rasch* 1963). Bei normaler,

vitaminreicher Kost ist ein Vitaminmangel nicht zu befürchten (*Clements* 1975). Notwendig wird eine zusätzliche Vitaminzufuhr bei Boxern, Ringern, Gewichthebern und Jokkeys während der Zeit des Gewichtmachens, wo oft nicht genügend Nahrungsvitamine aufgenommen werden.
Tabelle «Vitamine in der Sporternährung» im Anhang.
Sinnvoll und unerlässlich bleibt eine vitaminreiche Vollwertkost in der besprochenen Form sowohl während der Trainings- und Wettkampfzeit als auch ausserhalb dieser Perioden als Teil einer allgemeinen sportlichen Lebensweise.

Das Trinkregime im Sport

Das Körperwasser des Menschen macht bei einem Mann rund 54 Prozent, bei einer Frau rund 48 Prozent des Gesamtgewichtes aus. Die Wasserbilanz des Körpers muss im Gleichgewicht gehalten werden. Bei körperlichen Anstrengungen erfolgt jedoch durch vermehrte Schweissbildung sowie durch erhöhte Wasserabgabe bei forcierter Ausatmung eine Verschiebung des Wassergleichgewichtes. Ein Gewichtsverlust ist zuerst ein Wasserverlust. Schon in der Ruhe erfolgt täglich eine Wasserabgabe von rund 1000 bis 1500 ccm durch den Harn, 100 ccm durch den Kot, 500 ccm durch die Haut und 400 ccm durch die Ausatmung. Was tun? In der Tat sind die Auffassungen einer Wasser- und Kochsalzregulierung im Wettkampf sehr verschieden gewesen (*Schönholzer* 1960, *Wanner* 1980). *Christensen* hält eine Kochsalzzufuhr für unnötig, eine einprozentige Lösung sogar für gefährlich; das Schwitzen sei wertvoll. *Jakowlew* (1953) hingegen berichtet, dass sowjetische Skilangläufer schon lange vor dem Start Salzheringe und Salzprodukte zu sich nehmen, um das Körperwasser zu binden; bei Radrennen wurde den Sportlern 3–5 g Salz pro 1 kg Gewichtsverlust zugeführt; allerdings ist damit in jedem Falle eine Belastung der wertvollen Alkalireserve des Blutes, die den Milchsäureanfall aus dem Glykogenabbau in der Leistung abpuffern soll, mit sauren Valenzen verbunden. *Adolph et M.* (in Christensen 1959) haben durch Wasserzufuhr leistungssteigernde Effekte beobachtet.

Lehmann und Szakall (in Nöcker 1964) haben bei verschieden hohen Raumtemperaturen von 18 bis 46 Grad Celsius in jedem Fall eine erhöhte Leistungsfähigkeit, sei es mit Wasserkonsum oder mit Wasser- und Kochsalzzufuhr, im Gegensatz zu Durstversuchen gesehen.
Schönholzer (1960) weist darauf hin, dass der Mensch mit zunehmender Anpassung salzärmer und um 20 bis 40 Prozent reichlicher zu schwitzen lernt. Eine Salzzufuhr wird nur bei exzessivem Schweissverlust, beispielsweise in den Tropen, bei Hitzearbeitern u. a. nötig, im Sport bei mehr als ungefähr 4 Litern. Den Marathonläufern wird in der 2. Etappe eine Trinkbouillon mit etwa einem halben Prozent Kochsalz gereicht. Bei Vasa-Läufen werden pro Teilnehmer rund 6—7 Liter Flüssigkeit in Form von warmem Zuckerwasser mit Zitrone und des Vitamin-C-haltigen Blaubeersaftes getrunken. Eine Salzmangelexsiccose mit Salzmangelkrämpfen kommt bei sportlichen Höchstleistungen in unseren Breiten kaum vor. Einer Wassermangelexsiccose durch Hyperventilation beim Bergsteigen kann man durch Trinken reinen Bergwassers begegnen. Hygienisch richtig ist es, nicht zu viel, nicht zu hastig, nicht zu kalt zu trinken; oft genügt schon das Spülen des Mundes.
Die Getränke innerhalb der täglichen Ernährung sollen dem Geschmack des Aktiven entsprechen. *Schönholzer* (1969) hat bei Befragungen von 100 Leistungssportlern festgestellt, dass im Alltag gewohnheitsmässig bzw. zum Essen in 27 Fällen Milch, in 26 Tee, in 21 Mineralwasser, in 20 Süssmost, in 13 Fruchtsäfte, in 10 Wasser, in 10 Bier, in 9 Wein und in 7 Ovomaltine bevorzugt wurden.

Milch, Joghurt, Kefir, Kumys

Milch- und Milchgetränken kommt innerhalb der Sporternährung eine wichtige Rolle zu (*Schönholzer* 1960). Milch enthält Hochwerteiweiss von rund 35 g pro Liter (=140 Kalorien), gleichviel Fett (=325 Kalorien) und 40 bis 60 g Milchzucker (=140 bis 210 Kalorien). Als direkte Wettkampfnahrung ist sie nicht immer akzeptiert worden, da sie zuweilen infolge Kaseinbildung im Magen schlecht ver-

tragen wurde. Wir haben mit einem Joghurtdrink vor allem in der Trainingsperiode sowie als Nachwettkampfnahrung recht gute Erfahrungen gemacht, den wir jeweils mit Bienenhonig, einem Eigelb, geriebenen Nüssen und kleingehackten Trockenbananen, Rosinen oder Frischaprikosen unter Zusatz von Zitronensaft anrichten.
Milcheiweiss ist wertvoll als Methioninspender für die Kreatinsynthese in der Muskulatur, das phosphorreiche Eigelb für die Kontraktionsabläufe des Muskels innerhalb des Glykogenabbaus, Honig für die relativ rasche Glykogennachlieferung. Da der Trunk halbflüssig ist, wird der Sportler zum Kauen gezwungen; er nimmt diese Nahrung langsam und nicht zu kalt zu sich. Von Teilnehmern der Olympischen Spiele im Segeln in Acapulco/Mexiko wurden bei einer Stichprobe 33 Teilnehmer auf ihre Lebensweise hin befragt (*Auer und Biener* 1968). Aus den Antworten dieser Segler aus 3 Erdteilen zeigte sich, dass 7 im Alltag meist Milch als Hauptgetränk zu sich nehmen, vor dem Wettkampf 10 und nach dem Wettkampf 6. Von 153 befragten Schweizer Fussballtrainern bevorzugten nach dem Training 38% Tee, 23% Mineralwasser, 17% Bier, 7% Kaffee, 5% Süssmost, 5% Milch/Ovomaltine, 4% Wein, 1% Bouillon mit Ei. In einer Studie an 100 Oberturnern der Westschweiz, also Turnvereinsmitgliedern und -leitern im Breitensport, ergab sich, dass nach einem Turntraining am Abend 7% Milch bzw. Milchgetränke zu sich nahmen.
Dass auch Stutenmilch eine wertvolle Sporternährung darstellen kann, scheint nicht nur das Geheimnis mancher russischer Hochleistungssportler besonders aus Kasachstan, Kirgisien, Usbekistan, Tadschikistan und Georgien zu sein. Infolge ihrer besonderen Eigenschaften, des hohen Gehalts an Vitaminen und leichtverdaulichen Grundnährstoffen ist der Kumys in Russland schon seit Mitte des 19. Jahrhunderts in der Medizin als Heilnahrung benutzt worden. Zur allgemeinen Gesunderhaltung der Arbeiterschaft wird Kumys heutzutage in eigenen Stutenfarmen metallurgischer Kombinate oder Kohlengruben in der Sowjetunion gewonnen.
Neben 0,07% Fructose und 0,03% Arabinose enthält die Milch 4,7% Milchzucker, der für die Erhaltung und Funktion der Darmflora (Colibakterien) wichtig ist (*Prokop* 1981).

Sportmedizinische Wertung einiger Lebensmittel

Eine vollwertige, sportgerechte Nahrung muss den täglichen Bedarf des Organismus an Bau-, Schutz- und Betriebsstoffen beinhalten. In der nachfolgenden Betrachtung werden die wichtigsten Nahrungsmittel aus sportmedizinischer Sicht beurteilt; sie sollten täglich in irgendeiner Form den Kostplan des Athleten bestimmen. Aus jeder der angeführten Gruppen wäre ein Lebensmittel auszuwählen und für die tägliche Menüzusammenstellung kombinierend zu berücksichtigen.

Mehl, Getreideflocken, Brot, Griess, Teigwaren, Mais, Reis, Hirse, Buchweizen. Diese Lebensmittel sind reich an Kohlenhydraten, Pflanzeneiweiss und Vitamin B und E.

Zucker (weiss und braun), Honig, Konfitüren, Gelees, Schokolade, Süsspeisen aller Art. Diese Lebensmittel sind reich an Kohlenhydraten, Kariesgefahr (Zahnpflege nach jeder Mahlzeit). Ein überschüssiges Angebot wird in Fett metabolisiert.

Kartoffeln. Diese wertvollen Nahrungsmittel sind Teigwaren vorzuziehen. Sie sind reich an Kohlenhydraten, Kalium, B-Vitaminen, Vitamin C, Pflanzeneiweiss. Als Pommes frites eher zu meiden.

Milch, Buttermilch, Joghurt, Kefir, Quark, Käse. Diese Kost ist eiweiss- sowie kalziumreich und enthält vor allem Vitamin A und B. Milch hat grosse sportspezifische Bedeutung. Quark zeichnet sich durch seinen grossen Eiweissgehalt aus. Joghurt, ein mit spezifischen Milchsäurebakterienkulturen angesetztes Milchprodukt, bildet im menschlichen Darm Bedingungen, welche die Entwicklung von Fäulnis und Krankheitserregern hemmen und demzufolge die Verdauung weitgehend fördern. Butter ist ungekocht hochwertiger und leicht verdaulich.

Schweineschmalz, Talg. Sie enthalten ebenfalls Vitamin A. Im wesentlichen zurückhalten.

Pflanzenöle (aus Maiskeimen, Erdnüssen, Raps, Lein, Sonnenblumen, Oliven), Pflanzenmargarine. Sie sind reich an Vitamin A und ungesättigten Fettsäuren. Sie sind Schweineschmalz und Talg vorzuziehen.

Fleisch aller Art. Es ist reich an Eiweiss, Eisen, Phosphor, Kalzium, Vitamin B. Man soll magere Fleischarten berücksichtigen, auch Huhn, Truthahn, Wild, Innereien.

Fisch. Es handelt sich hier um äusserst wertvolle, mineralstoffreiche Eiweisskost, welche gekocht leicht verdaulich ist. Fischrogen ist phosphorreich und damit u. a. wertvoll für die Muskelkontraktionsabläufe. Bei Krusten- und Schalentieren strenge lebensmittelhygienische Masstäbe ansetzen (Darmerkrankungen in Südländern).

Eier. Sie sind reich an Eiweiss, das Dotter ebenfalls an Phosphor. Die Sporternährung kann relativ oft auf dieses Nahrungsmittel zurückgreifen.

Erbsen, Linsen, Bohnen, Nüsse aller Art, Mandeln. Diese eiweissreichen Lebensmittel enthalten auch Kohlenhydrate, Nüsse vor allem viel Fett. Hülsenfrüchte bereichern den Speiseplan als Beilagen oder als Hauptgericht innerhalb der Trainingskost, nicht der Wettkampfkost.

Frischgemüse aller Art. Sie sollen praktisch auch als Salate oder als Küchenkräuterzugaben zu keiner Mahlzeit fehlen. In Rohkostform können sie jedes Mittagsmahl oder Abendessen einleiten. Sie sind reich an Kohlenhydraten, Eisen, Vitaminen A und C, B-Vitaminen. Als zellulosereiche Nahrungsmittel fördern sie die Verdauung, sind als Ballaststoffe jedoch in der Wettkampfzeit massiv einzuschränken.

Obst, Beeren und Südfrüchte. Sie sind ebenfalls Kohlenhydratspender (Fruchtzucker), reich an Vitaminen, Mineralstoffen und Zellulose. Zitrusfrüchte sollen im Winter und Frühjahr täglich am Morgen oder Mittag vor dem Essen in Form eines Frischdrinks die nötige Vitamin-C-Bilanz des Sportlers erhalten. Kern- und Steinobst ist in jeder Form ganztägig zu verwenden, die Vitamine gehen allerdings durch Oxydationsvorgänge bei monatelangen Ablagerungen allmählich verloren.

Trainingskost

Die Trainingskost ist als eine Aufbaukost reich an Eiweiss, nämlich Fleisch, Milch und Milchprodukten sowie Fisch. Vor allem sind auch die Vitaminspiegel aufzufüllen. Man kann hier auch einmal kulinarischen Raffinessen oder speziellen Eigenwünschen der Aktiven Raum geben, natürlich immer im Rahmen einer gewürzarmen, fettarmen Note. Es ist die Zeit des dunklen Vollkornbrotes aller Arten. Gemüse in weitestem Rahmen, jedoch nicht als Sauerkonserve, haben den Vorrang. Selbst einmal Kohl und Hülsenfrüchte können, besonders an freien Tagen, den Speisezettel bereichern. Prinzipiell bleibt die weitgehend küchentechnische Erhaltung der Vitamine zu beachten; Gemüse sind zu dämpfen statt zu sieden (Dampfkochtopf, Gemüsewasser mitverwenden), fertige Speisen sind sofort zu verzehren.
Um einen möglichst grossen Trainingserfolg zu haben, ist es auch unerlässlich, die «letzte» Mahlzeit in einem sinnvollen zeitlichen Abstand zum Trainingsbeginn einzunehmen ca. 2 Stunden). Weder mit einem überfüllten Magen noch mit einem Hungergefühl lässt sich optimal trainieren.
Da die Mehrheit der Sporttreibenden in den Abendstunden trainiert, muss auch vor einer übermässigen Nahrungs- und Flüssigkeitsaufnahme nach dem Training gewarnt werden (vergl. auch Ernährungsmodalitäten im Sport).

Vorwettkampfkost

Die Kohlenhydratzufuhr vor dem Wettkampf kann die Muskelglykogenspeicher des Körpers wesentlich beeinflussen; je höher die Glykogenkonzentration, um so besser ist das Ausdauervermögen. Studien von *Bergström u. a.* (1967) sowie von *Åstrand* (1967) haben gezeigt, dass für die Vorbereitung einer forcierten Ausdauerleistung ein intensives Training mit Kohlenhydratzufuhr vorher nötig ist. Für die

3 Tage vor dem Wettkampf soll die Kost fast ausschliesslich Fett und Eiweiss enthalten; dadurch sinken die Glykogenspeicher stark. Danach sollen die Athleten ein bis zwei Tage vor dem Wettkampf eine sehr kohlenhydratreiche Nahrung zu sich nehmen; die Trainingsintensität wird jetzt stark reduziert, um die Glykogenspeicher nicht wesentlich anzugreifen und eine maximale Auffüllung zu garantieren. Da an den 3 Tagen der gebremsten Kohlenhydratzufuhr viele Athleten reizbar, trainingsmüde und reflexträge auf Grund eines Glykogenmangels sein können und ausserdem die Unfallgefährdung durch Konzentrationsschwäche steigen kann, schlagen *Costill and Miller* (1980) eine gemischte Kost, also keine reine Fett-Eiweisszufuhr in diesen 3 Tagen vor; bei der Befolgung einer derartigen Kostregelung hat man bis zweieinhalb mal mehr Muskelglykogen gespeichert nachweisen können als beim untrainierten Muskel.
Man hat zu dieser Problematik Versuche durchgeführt in der Form, dass man eine Person mit nur einem Bein am Fahrradergometer bis zur Erschöpfung arbeiten liess, während das andere Bein ruhig gestellt wurde. Der Glykogengehalt sank im arbeitenden Bein bis auf nahezu Null ab, blieb aber im ruhenden Bein unverändert. Gab man nun der Versuchsperson drei Tage lang eine kohlenhydratreiche Kost, stieg der Glykogengehalt des erschöpften Arbeitsbeines sehr hoch bis auf fast 4g% pro 100 g Muskulatur an, während er sich im Ruhebein auch nach drei Tagen nur gering erhöhte. Diese sogenannte Superkompensation hat man also versucht, sich zunutze zu machen. Die Fussballsportler, welche nach 3 Tagen mit kohlenhydratarmer Kost dann am Vorabend vor dem Spiel kohlenhydratreich ernährt worden waren, hielten in der zweiten Halbzeit viel besser durch, beteiligten sich viel mehr am Spiel und legten längere Laufdistanzen zurück.
Bei Leichtathleten zeigten die Versuche, dass bei fett- und eiweissreicher Ernährung mit entsprechend niedrigem Glykogengehalt der Muskulatur nur eine Laufzeit von rund 60 Minuten bis zur Erschöpfung möglich war, bei gemischter Kost bis 120 Minuten, bei kohlenhydratreicher Kost jedoch bis 180 Minuten. Da ein Fussballspiel ja 90 Minuten dauert, kann man entsprechend schlussfolgern, dass eine geschickt eingeteilte Kohlenhydratkost die Leistung steigern kann. In

Kanada hat man bei Eishockeyspielern festgestellt, dass pro Spiel rund 60% des Muskelglykogens verbraucht werden *(Houston* 1979); sind mehrere Turnierspiele an einem Tag zu bewältigen, würde eine geschickte Kohlenhydratzufuhr die Leistungen verbessern. *Schürch u. a.* (1981) haben kürzlich das Verhalten der Blutglukose unter körperlichen Belastungen in Abhängigkeit von kohlenhydratreduzierter Diät und Training untersucht und vor allem darauf hingewiesen, dass Langzeitbelastungen im untrainierten Zustand zu vermeiden sind. Dieser Kohlenhydraternährung mit vorgehender dreitägiger Fett-Eiweisskost sollten sich also nicht einmalige Gelegenheitslangläufer, sondern nur trainierte Freizeitsportler neben Berufssportlern unterziehen. *Sharman* (1981) weist darauf hin, dass es noch unklar ist, wie oft man diesen Ernährungswechsel unbeschadet vornehmen kann; besonders bei älteren Langläufern wird entsprechend gewarnt. Italienische Autoren *(di Stefano u. a.* 1979) haben verschiedene Zuckergemische aus Mono-, Di-, Oligo- und Polysacchariden zur Auffüllung der Glykogendepots angegeben.

Wettkampfkost

Hier handelt es sich um die letzte Auffüllung der Reserven. Die Nahrung ist vorrangig kohlenhydratreich. Auf blähende Kost ist besser zu verzichten (Kohl, Erbsen, Bohnen, Linsen), zumal schon manche Radetappe oder mancher Turnierringkampf durch Darmkrämpfe nach derartigen Kostfehlern vorzeitig zu Ende ging. Allerdings hat man nach neuen Forschungen an der Universität in Los Angeles bei Versuchspersonen nach Gabe schwerer, blähender Kost keine Leistungseinbussen gemessen. Weissbrotsorten verdienen jetzt ausnahmsweise den Vorrang. Eine wenig fette Wiener Küche mit ihren Süsspeisen kommt zu ihrem Recht. Auch weiche Eier und Joghurt, sowie nur wenig grilliertes Fleisch, am besten Tatar, bleiben weiterhin im Programm. Zur Auffüllung der Glykogenspeicher in Leber, Muskel usw. wird jetzt der Bienenhonig beigezogen; amerikanische Werfer haben auf der Olympiade in Melbourne als Vorwettkampfnahrung täglich ausgiebig Bienenhonig zu sich genommen. Angeraten wird das Anlegen eines ausgesprochen hohen Glykogenvorrates durch Einnahme einer kohlenhydratreichen Diät in den letzten 3 Tagen vor dem Wettkampf *(Hadorn, Tromp u.a.* 1978).

Eine reichhaltige Kohlenhydratdiät erreicht bei der Umwandlung eine relativ hohe Energieabgabe aus dem Kohlenhydrat und erhöht damit die Fähigkeit, schwere körperliche Arbeiten über eine längere Zeitspanne zu verrichten (*Åstrand* 1970, 1973). Zu meiden sind fette Fleischsorten, gebratene Wurstwaren, kohlensäurehaltige Getränke, eisgekühlte Speisen und Getränke sowie Speiseeis, zu starke Würzen, Gurkensalat, dicke Saucen. Vorteilhaft sind Griessbrei, Fruchtsäfte nature oder Tomatensaft, Brühen mit Ei, Kochfleisch, Kochgeflügel, Hackfleisch, wenig Butter, Trockenreis, Kartoffelbrei, Kalbschnitzel, Kompott. Vor dem Start soll der Magen weder nüchtern noch überfüllt sein. Je nach Dauer der kommenden Leistung richtet sich der Zeitabstand der letzten Kostaufnahme vor dem Start. Bei Kurzdauersportarten wird 2 bis 3 Stunden vorher die letzte, wenig voluminöse, aber konzentrierte Mahlzeit eingenommen. Bei Langdauersportarten wird man wegen der sonst zu frühen Unterbrechung der Nachtruhe in ½ bis 2½ Stunden vorher (Vasalauf, Radetappen) die letzte Hauptmahlzeit einnehmen und sich vor dem Start nochmals mit 100 g Traubenzucker oder mit einem süssen Honig-Fruchttrunk behelfen; man soll sich nicht unbedingt auf die Zwischenverpflegung (Wettkampfkost) verlassen, da ein plötzlicher Glykogenmangel («Hungerast») zuweilen schon vor Erreichen der Verpflegestation eintreten kann.

Am Wettkampftag drohen Startverschiebungen. Dadurch kann der Speiseaufnahmerhythmus gefährdet werden, der an sich wie üblich in Frühstück, Mittag- und Nachtessen aufgeteilt bleiben soll. Jede Änderung der Speisegewohnheiten kann nach den Erfahrungen bei internationalen Kämpfen vornehmlich in südlichen Ländern oder nach langen Flugreisen sekundär zu Konditionsschwierigkeiten führen. Für alle Fälle sind leicht verdauliche Notrationen in Konzentratform bereitzuhalten.

Zu warnen ist also vor plötzlichen Ernährungsumstellungen besonders auf Auslandreisen; ein Fastenhalbtag ist im Notfall oft ratsamer als ein ungewohntes Kostexperiment.

Zwischenwettkampfkost

Die Verpflegung während des Wettkampfes zum Beispiel beim Radsport ist nicht selten das scheinbare Geheimnis vieler Trainer oder Aktiver geblieben. Was hat man nicht alles in die «schnelle Pulle» hineingemischt! Nicht zu Unrecht ist sie früher im Sinne eines Dopings in Verruf gekommen; mit der entsprechenden Kontrolle hat sich dieses Geheimnis zumeist in sachliche Verpflegungsgrundsätze aufgelöst.

Zwischenverpflegung wird nach bestimmten Intervallen u. a. beim Marathonlauf (zwischen km 12—15, 20—22, 27—30, 36—42), beim 50-km-Skilanglauf (zwischen km 20—25, 30—35, 40—45), beim 30-km-Skilanglauf (zwischen km 23—26), bei Kanalschwimmern, bei Radtourenrennen je nach Etappendistanz gereicht. Viele Elitesportler verzichteten sogar prinzipiell auf diese Zwischenverpflegung, um das rhythmische Gleichmass im Sinne eines optimalen steady state nicht zu gefährden. In den Kampfsportarten ist Getränkezufuhr, jedoch keine Kostaufnahme während der Halbzeit üblich; allerdings wird diese Chance einer Energiezufuhr in Form zum Beispiel von Glukose-Fruchtgemisch-Drinks oder von Honig-Früchte-Joghurt noch wenig genützt. Besonders in kräftezehrenden Cup-Spielen mit Verlängerungsmöglichkeiten können derartige Reserven recht brauchbar sein.

Jede Zwischenverpflegung muss schnell resorbierbar und im Muskel als Glykogen rasch verfügbar sein. Daher sind Mischungen aus Stärke und Zucker mit Vitaminzugabe üblich. Haferschleim oder Sojaschleim wird mit Glukose oder Bienenhonig verrührt, dazu frischer Saft von Sanddorn oder schwarzer Johannisbeeren und wenige Gramm Kochsalz zugesetzt. Man hat auch fünfzigprozentige Zuckerlösung unter Vitamin-C-Zusatz und Frischsaftzufuhr verabreicht, individuell auch Schoko- oder Malzextraktgetränke. Die Benützung von Glasgeschirr zum Einfüllen der Zwischenverpflegung ist sporthygienisch unzulässig.

Durch die Zwischenverpflegung darf kein Durstgefühl entstehen; die süss-saure Geschmackskomponente soll im Gegenteil die Speichelbildung anregen. Kaffee würde die Harnproduktion anregen, ist daher fehl am Platze und auch

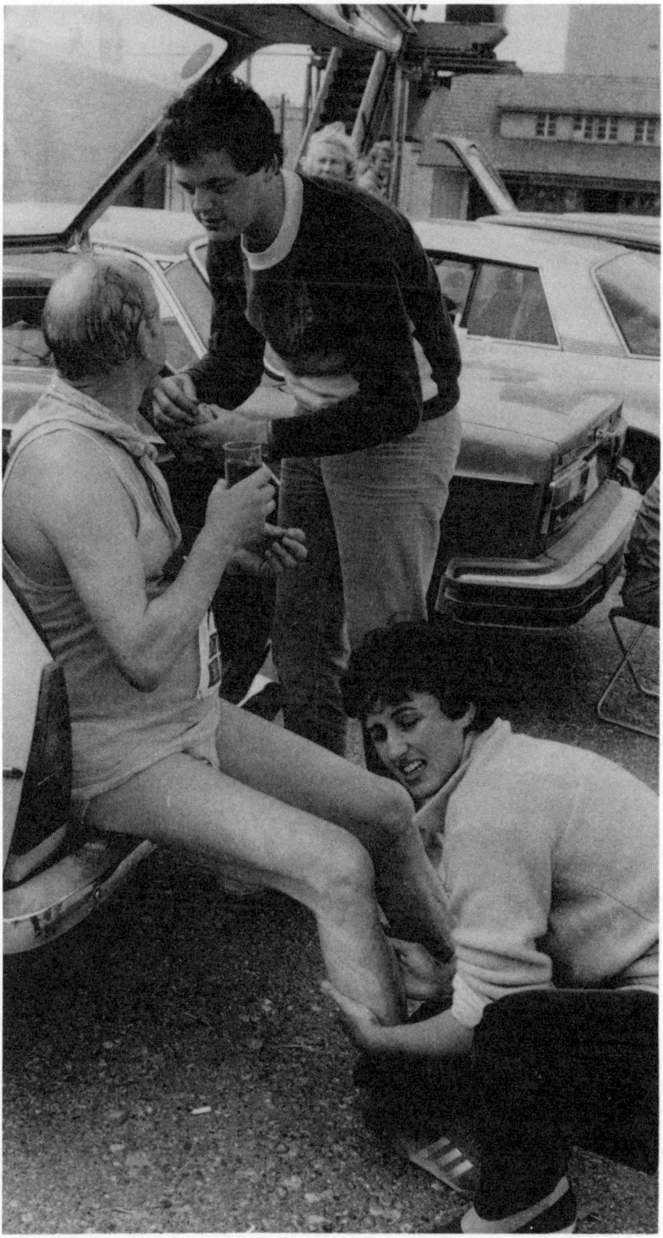

Zwischenverpflegung beim Bieler 100-km-Lauf

von dieser Situation her nicht sportgerecht. Der Trunk darf weiterhin nicht zu kalt sein. Schliesslich soll der Sportler die Zwischenverpflegung vom Training her bereits kennen.

Nachwettkampfkost

Der Ernährung nach dem Kampf, besonders nach anstrengenden Turnieren, nach Zehnkämpfen oder Etappenrennen, kommt grösste Bedeutung zu. Oft wird sie jedoch sowohl vom Trainer wie vom Aktiven vernachlässigt. Man geht allenfalls noch zu einem Siegesbankett und isst und trinkt dort massenhaft, was einem schmeckt. Die Gefahr einer zu starken Fettzufuhr sowie ein plötzliches Überangebot von Kohlenhydraten bedrohen jedoch die Leber, die mit einer unerwünschten Fetteinlagerung nach völliger Verausgabung der Glykogenreserven antworten könnte (*Jakowlew* 1958). Man soll also nach dem Kampf einen Glukose- bzw. Yoghurt-Honig-Sporttrunk bereithalten, um entsprechend zu substituieren. Damit man als Aktiver nicht Flüssigkeiten überhastet trinkt, wird durch das Einquirlen von Fruchtstücken und/oder geriebenen Nüssen und/oder Trockenobstraspel bzw. Sultaninen ein schluckweises Kauen erzwungen. Im Verlauf der allmählichen Wiederherstellung in den nächsten Tagen (Restitutionskost) dominiert wiederum eine eiweissreiche Fleisch- und Milchkost mit Leber, Quark, Käse, Haferflocken.

Ernährungsmodalitäten im Sport

Die tägliche Verteilung der Nahrungsaufnahme ausserhalb der direkten Wettkampfzeiten — allgemein wird im Leistungssport eine gemischte Kost mit 60% pflanzlichen und 40% tierischen Anteilen empfohlen — soll einer alten Bauernregel entsprechen: «Früh soll man essen wie ein Scheunendrescher — mittags wie ein Edelmann — abends wie ein Bettler.» In diesem Satz steckt viel Weisheit. Bei einer übermässigen Kostzufuhr am Abend kann ein unnötiger Metabolismus der aufgenommenen Speisekalorien in meist subcutanes Depotfett erfolgen, das schwieriger wieder in Glykogen, also in Brennstoff für die Muskelkontraktion zurückverwandelt werden kann. Die am Morgen aufgenommenen Kalorien stehen für die Arbeits- und Trainingsbelastung sowie die Wärmeregulation des Alltags zur Verfügung. Früh, mittags und abends sollen 75—85% der Tageskalorien, zum Frühstück (Znüni) und Vesper (Zvieri) 15—25% aufgenommen werden. Im allgemeinen soll man die Tagesmengen so verteilen:

Aufteilung der Mahlzeiten

Frühstück	ca. 25 %	ca. 850 Kalorien
Zwischenmahlzeit	ca. 10 %	ca. 350 Kalorien
Mittagsmahlzeit	ca. 35 %	ca. 1250 Kalorien
Zwischenmahlzeit	ca. 10 %	ca. 350 Kalorien
Nachtessen	ca. 20 %	ca. 700 Kalorien

Je nach Arbeits- und Trainingszeit (Kraftaufwand und Intensität) wird die Gesamtnahrungsmenge auf die 5 Mahlzeiten verteilt. Vor einem Intensiv-Training sollte der Abstand der letzten grösseren Nahrungsaufnahme mindestens 2 Stunden betragen.

An gastro-intestinalen Störungen, wie sie besonders bei Auslandstarts bzw. nach Klimaveränderungen vorkommen können, sind oft ungewohnte Kostumstellungen schuld. Ein Fastentag ist wie gesagt besser als ein gewagtes orientalisches Kostexperiment. Innerhalb harter Trainingsperioden bzw. in Trainingslagern werden sich die Essensmodalitäten ändern müssen. *Jakowlew* (1953) hat für Leichtathleten mit vorwiegend Vormittagstraining 34 % Morgenkalorien, 37 % Mittagskalorien und 29 % Abendkalorien zur Aufnahme vorgeschlagen, für Turner mit Nachmittagstraining 36 % der Kalorien morgens, 30 % mittags und 34 % abends.

Besondere Bedeutung kommt der Speiseaufnahme vor Wettkämpfen zu. Die letzte Hauptmahlzeit soll 3—4 Stunden vor dem Kampf erfolgen. Selbst Radetappenfahrer wurden früh gegen 03.00 Uhr zum Morgenfrühstück geweckt und schliefen nachher recht und schlecht weiter, wenn der Start um 07.00 Uhr erfolgte. Direkt vor dem Wettkampf wurden noch Konzentrate zugeführt. Man soll direkt vor anstrengenden Bergtouren, vor Skimarathonläufen, vor

langdauernden Volksmärschen oder Langstreckenläufen keine massive Kostzufuhr vornehmen in der Hoffnung, einem Hungerast vorzubeugen. Dieser wird durch die übliche Zwischenverpflegung vermieden. Aus eigener Erfahrung sind wenige Weizenflocken mit Trockenfrüchten und Rosinen (Birchermüsli) sowie ein Honig-Joghurtdrink, eventuell einige Scheiben Bündnerfleisch ohne Brot, Butter, Marmelade und Kaffee vor anstrengenden Ausdauerleistungen zusätzlich (Engadiner Skimarathon, Biancograt—Bernina—Palü-Überschreitung) von Vorteil gewesen.
Tatsache ist, dass der Athletenkörper auch mehr als 25—30 % pro Mahlzeit schon volumenmässig kaum aufnehmen kann (*Graefe* 1964). Selbst Schwerstarbeiter können kaum mehr als 2000 Kalorien auf einmal verzehren.

Verweildauer der Speisen

Der Verbleib der Speisen im Magen ist in zweifacher Hinsicht entscheidend. Erstens können beim Genuss schwerverdaulicher Speisen am späten Abend das Einschlafen gestört und der erste Schlaf unruhig werden, zweitens kann eine den Magen zu lange belastende Mahlzeit vor dem Start oder vor dem Spiel Völlegefühl bewirken, Erbrechen auslösen, die Leistung mindern. Besonders vor langen Radetappen, aber auch vor Langstreckenläufen und Skimarathonveranstaltungen wurden derartige Fehler gemacht. Auch vor hochalpinen Leistungen soll man relativ mässig essen. Die Kaloriendepots müssen in der Vorbereitungszeit aufgefüllt werden.

Für die ***Verweildauer von Speisen*** gelten folgende Anhaltspunkte:

1 bis 2 Stunden:	Tee, Brühe, Mineralwasser, Rivella, Kochfisch, gekochter Reis.
2 bis 3 Stunden:	Kaffee mit Milch, Weissbrot, Kochfleisch, Gemüse wie Spinat, gekochte Karotten, Birnen, Bananen.

3 bis 4 Stunden:	Huhn, gekochtes Rindfleisch, Kartoffeln, Äpfel, Schwarzbrot, grüner Salat, Blumenkohl, Käse.
4 bis 5 Stunden:	Braten, Erbsbrei, Bohnen, Hering.
5 bis 6 Stunden:	Gurkensalat, Thunfisch in Öl, Lachs, Speck.
6 bis 8 Stunden:	Fettes Fleisch, Ölsardinen, Gänsebraten, Räucheraal.

Vor allem bei Startfieber und nervöser Unruhe, ebenso bei körperlicher und ernährungsmässiger Umstellung anlässlich von Auslandstarts besonders in Übersee, ist auf leicht verdauliche Kost Wert zu legen.

Spezielle Ernährungsprobleme der Sportlerin

Insgesamt kann man vom Kalorienbedarf des Mannes ein Viertel bis ein Drittel weniger für den Kalorienbedarf der Frau ansetzen. Sonst ist die Kost der Frau praktisch kaum unterschieden von der des Mannes. Lediglich als Kompensation des Eisenverlustes von 10—20 mg innerhalb der Menstruation hat eine zusätzliche Eisenzufuhr oral in Tablettenform (z. B. Ferronicum Sandoz) oder als Sirup (z. B. Resoferon liquidum Geigy) zusammen mit Fruchtsäften zu den Mahlzeiten zu erfolgen. Wir haben vor allem bei Leistungsschwimmerinnen nach der Menarche bzw. nach den ersten Regelblutungen auf diese Substitution zurückgegriffen. Infolge der praemenstruellen Salz- und Wasserretention, die in den letzten Tagen vor einer Regelblutung gelegentlich sogar Knöchel- oder Praetibitaloedeme bewirken und mit Kopfschmerzen, Reizbarkeit, Spannungsschmerzen in den Brüsten (Mastalgie) und psychischen Depressionen einhergehen kann, soll eine Drosselung der Flüssigkeits- und Salzzufuhr in den Tagen vor der Menstruation erfolgen. Angelsächsische Experten empfehlen sogar Diuretica, also harntreibende Substanzen in diesen Tagen (*Williams* 1962). — Für das allgemeine Bewegungstraining der Frau hat das Ehepaar Cooper (1978) einige Diäthinweise gegeben.

Klima und Sporternährung

Es ist aus der Ernährungspraxis von Eskimos und von Afrikanern bekannt, dass körperliche Leistungen in unterschiedlichen klimatischen Breiten unterschiedlicher Kost bedürfen. Im Polargebiet werden Fette und Trane gierig vom Menschen aufgenommen; trotzdem haben Eskimos praktisch kaum Herzinfarkte. Der Inhalt von Kuhmägen dient ihnen als vitaminreicher Leckerbissen. Im Äquatorialbereich wiederum sind Fette nur in geringem Masse gesucht; Kongopygmäen decken nur 15% ihres Gesamtkalorienhaushaltes mit Fett. Bei Sportreisen in den Norden wird man dem Sportler 6–8 Kalorien/kg Körpergewicht mehr an Kost anbieten als im Süden, besonders sind Fettanteile um 0,5 g/kg Körpergewicht und Kohlenhydrate bis 1 g/kg Körpergewicht zu erhöhen. Diese Massnahmen kommen beispielsweise bei Skirennen in Skandinavien oder Sportwettkämpfen in Finnland/Schweden/Kanada in Betracht. Umgekehrt wären im Süden die Eiweissanteile der Nahrung zu steigern und zwar um 0,5 g/kg Körpergewicht täglich. Fussballspielern in Leningrad werden 2,3 g Eiweiss/kg Körpergewicht, jenen in Tiflis 2,8 g empfohlen. Fett hingegen wird in Leningrad mit 1,8 g und in Tiflis mit 1,5 g veranschlagt, Kohlenhydrate im Norden der Sowjetunion mit 10 g, im Süden mit 9 g und die Gesamttageskalorien mit 67/kg Körpergewicht für einen Fussballprofi in Leningrad und mit 63/kg Körpergewicht für einen in Georgien südlich vom Kaukasus.
Da auch in subtropischen und tropischen Klimazonen mit dem Schweiss viel Vitamin C verloren geht, muss der Ersatz durch Zitrusfrüchte kompensiert werden. Der tägliche Kochsalzbedarf wird im hohen Norden mit 15 g/Tag, im Süden mit 20–25 g/Tag in der Sporternährung angesetzt.

Höhenmedizin und Sporternährung

Auch für geographische Höhenunterschiede bestehen Kostvarianten. Peruanische Mannschaften, die von Callao/Lima aus Meereshöhe nach Cusco in die Anden reisen, brauchen in der Höhe fettreichere, eiweissreichere Verpflegung. Gleiche Überlegungen gelten für Hochgebirgsexpeditionen und Arktis- bzw. Antarktisforschungen. Auch ein Höhentraining in 1600—2000 m Höhe beispielsweise im Engadin, in Obergurgl, auf dem Zugspitzplatt oder am Silvrettastausee in Vorarlberg muss die veränderte Kostzusammensetzung berücksichtigen, wenn man optimale Leistungen vorbereiten will. Hohe Aussentemperaturen erheischen ausserdem eine Kost, welche reich an Vitamin C und B_1 ist; diese Anteile sind um rund 50% in alpinen Bereichen zu erhöhen.

Lebensmittelhygiene im Sport

Besonders bei Auslandreisen der Sportler in tropische und subtropische Länder ist die Gefahr, mit Krankheitserregern kontaminierte Lebensmittel zu sich zu nehmen, immer wieder gegeben. Diese Erreger können Infektionen und Intoxikationen hervorrufen. Erfahrungen haben gezeigt, dass auch durch ungekocht getrunkenes Wasser Darminfektionen entstehen können. Es ist daher bei der landesüblichen Kost der einheimischen Bevölkerung grösste Vorsicht am Platze. Man wird sich an eine zuverlässige Hotelkost und an einwandfreie Konserven sowie Obst in der Schale halten; auch zum Zähneputzen hat sich zuweilen Mineralwasser aus Flaschen bewährt. Wir haben erlebt, wie bei leichtathletischen Vergleichskämpfen im Fernen Osten auf der ganzen Reise jene Sportlerinnen wegen massiver Diarrhoen ausfielen, die die einheimische Kost auf der Strasse probiert und sich entsprechend infiziert hatten. Vor allem Fleischgerichte und Fleischwaren, die zum sofortigen Verzehr auf offener Strasse gehandelt werden, sind in den warmen Ländern bedenklich. Die Erreger können dort entweder vom Tier (Rindertuberkuloseerreger in der Milch, Salmonellen in Fleisch und Wurst) oder vom Menschen (Scharlachstreptokokken, Typhuserreger) stammen. Neben den obligatorischen Impfungen ist vor Auslandreisen die zusätzliche Impfung gegen Typhus in Form der oralen Einnahme eines Impfstoffes (z. B. Vivotif Berna) möglich. Die Lebensmittelhygiene umfasst jedoch auch die Verhütung von Gesundheitsschäden durch unreife, verfälschte, verdorbene, chemisch verunreinigte und radioaktiv verseuchte Lebensmittel, wobei Aussehen, Geruch und Geschmack wichtige Kriterien für die Beurteilung eines Lebensmittels darstellen. Man kann in Zweifelsfällen aus der Heimat mitgeführte Prae- und Konserven verwenden.

Alkohol und Sporternährung

Nach sportärztlichen Untersuchungen bewirkt der Alkohol eine eindeutige Leistungsminderung. Alkohol kann nicht in mechanische Energie, sondern nur in Wärme umgesetzt werden. Bei alpinen Leistungsversuchen wurde anhand des Sauerstoffverbrauchs festgestellt, dass bereits nach dem Trinken von 3 Glas Bier der Gesamtenergieverbrauch des Körpers und der Zeitaufwand wesentlich erhöht wurden. Ähnliche Versuche wurden bei Maurern durchgeführt, wo 3 bis 4 Glas Pilsner Bier die Arbeitsleistung des Skelettmuskels deutlich gegenüber dem Nüchternzustand verminderten. Man hat bei sogenannten Steigeversuchen auf einer Messtreppe bei einem 21jährigen Studenten 30 Minuten nach Aufnahme von 3 Flaschen Vollbier sogar eine Leistungsminderung um 33% festgestellt. Gab man zu diesem Bierquantum noch 150 ccm 40prozentigen Branntwein, so sank die Leistung sogar auf die Hälfte des Ausgangswertes. Der Leistungsabfall ist besonders bei Jugendlichen auffällig. Der jugendliche Organismus beantwortet bereits eine kleine Menge Alkohol mit einem grösseren Leistungsabfall als der Erwachsene. Man kann sagen, dass nach einem Liter Vollbier die sportliche Leistung um ein Fünftel, der Energieaufwand um ein Siebentel sinkt. Bekannt geworden ist das Beispiel von einem 100-km-Wettmarsch in Kiel, wo 92% der abstinenten Läufer das Ziel erreichten, jedoch nur 46 % der nicht abstinenten Läufer. In einem anderen Beispiel wurden die Leistungen von drei Kompanien verglichen. Die Männer von zwei Kompanien erhielten vor dem Marsch eine bestimmte Menge von Alkoholgetränken und zeigten 20 bzw. 22 Mann Ausfall. Die Männer der dritten Kompanie tranken vorher keinen Alkohol; bei ihnen fiel nur ein Mann aus.

Dass auch die Koordination leidet, ist seit langem bekannt. Es nehmen die Fehlleistungen in Form von Reaktionszeitverlängerung, von Koordinationsverschlechterung und Muskelleistungsminderung im Quadrat der Alkoholkonzentration im Blut zu, es kommt zu Störungen im dynamisch-stereotypen Reflexgeschehen. Diese Verlängerung der Reaktions- und Reflexzeit lässt den Sportler, der beispielsweise zur Beruhigung des Startfiebers Alkohol trinkt, den Start um Sekundenbruchteile verpassen; er «bleibt sitzen». Da der Alkohol allerdings kurzfristig das Gefühl der Arbeits- und Leistungsfähigkeit steigert und besonders die Waghalsigkeit erhöht, ist er früher zuweilen vor dem Skispringen, Fussballspiel, Fechten, Boxen und vor Kampfsportarten zur Bekämpfung der Angst, jedoch auch im Schiessport zur «Beruhigung der Hand» getrunken worden. Alkohol ist daher vom Europarat in die Liste der verbotenen Dopingmittel aufgenommen worden.
Mit diesem erhöhten Scheinwagemut bei verlängerter Reaktions- und Reflexzeit steigt jedoch die Unfallgefahr bedeutend. Eine besondere Gefährdung des Alkoholisierten besteht auf den Skipisten, zumal die Müdigkeit durch Alkohol unterdrückt wird und der «tote Punkt» der Sportleistung oft unvermittelt eintritt. Wegen zusätzlicher Erfrierungsgefahr des Alkoholisierten haben beispielsweise auch Polar-Expeditionen (Nansen) ganz auf alkoholische Getränke verzichtet. Dass jedoch auch in Höhenlagen alkoholische Getränke Leistungen und körperliches Wohlbefinden stark beeinträchtigen, haben exakte Voruntersuchungen gerade der Franzosen damals im Hinblick auf die Olympischen Spiele in Mexiko bewiesen. Allerdings wurden anschliessend für die französischen Athleten dennoch 8000 Liter Bordeauxwein neben 26 Tonnen Mineralwasser, 200 Kilo Wurst und 300 Kilo Käse nach Mexiko eingeschifft.
Die Vereinigung der amerikanischen Universitätssportler, die ständig Weltklasseleute heranbildet, bemerkt in ihren Trainingsgrundsätzen, dass die goldene Regel lautet, auf Alkohol in jeder Form zu verzichten, wenn man Höchstleistungen erreichen will; der Alkohol beeinträchtige unter anderem das Zusammenspiel von Geist und Muskulatur.
Zusammenfassend kann man sagen, dass die körperliche Leistungskraft nur scheinbar durch das Gefühl erhöhter Ar-

beitsfähigkeit, Entschlossenheit und Waghalsigkeit gesteigert wird. Es vermindern sich speziell im Sport die Fähigkeiten zur Selbstkontrolle, die Bewegungskoordination und das Reaktionsvermögen. Somit gehen die taktischen Feinheiten einer Leistung verloren.

Ernährung im Ausdauersport

Als Ausdauersportarten verstehen wir in diesem Zusammenhang Mittel- und Langstreckenläufe, einschliesslich Marathonläufe, das 20- und 50-km-Gehen, Skilanglauf, Biathlon und Schwimmen (400—1500 m). Bei Belastungen von 10 Minuten bis zu einer Stunde kommen als Energieträger Kohlenhydrate und Fette, bei solchen über einer Stunde überwiegend Fette in Betracht. Nach *Bergström und Hultman* (1972) reichen die Glykogenreserven im Muskel für eine Leistung von 20 Minuten; dann kann ein beginnender Leberglykogenmangel über eine Hypoglykämie (Blutzuckerminderung) zentralnervöse Störungen bewirken und damit die Sportleistung in Frage stellen. Die Basisernährung zeichnet sich im Ausdauersport durch hohen Kohlenhydratanteil bis zu 60% der Gesamtkalorien aus. Kohlenhydrate sind der Hauptbrennstoff für Ausdauerleistungen (*Lewis and Gutin* 1973, *Carlsson and Saltin* 1971, *Heck, Hess und Mader* 1985). Die im Training verbrauchten Glykogenvorräte sind jeweils aufzufüllen. Allerdings zeigt die Praxis, dass derartig grosse Kohlenhydratanteile vom Sportler nur schwer aufzunehmen sind; der Kalorienbedarf ist daher durch kalorienintensivere Fettanteile bis zu 25% aufzufüllen, allerdings in sparsamer Weise unter Berücksichtigung des sogenannten «heimlichen Fettes» in Wurst, Käse, Saucen, Backwaren. Der Eiweissanteil in der Ausdauerernährung soll bei 15% liegen; infolge der hohen sonstigen Kalorienzufuhr entspricht diese Eiweissmenge einem Wert von 3 g/kg Körpergewicht. Die tägliche Trinkmenge wird auf 3 Liter veranschlagt.

In den Tagen vor dem Wettkampf kann man die Kohlenhydratzufuhr sogar noch über 60% steigern, jedoch wegen des hohen Nahrungsvolumens und des Fehlens essentieller Fett- und Aminosäuren und der einseitigen Kostform nur für kurze Zeit. Ausserdem stellt sich Fett- und Eiweisshunger ein. Da die hohen Kohlenhydratmengen die Bauchspeicheldrüse zu erhöhter Insulinproduktion zwecks schnellem Zuckerumsatzes anreizen (*Pruett* 1970), entsteht rund zwei Stunden nach der Nahrungsaufnahme erneutes Hungergefühl. Es empfiehlt sich also, mehrmals süsse Fruchtgetränke, auch kalte Milchshakes mit Honig oder Dextropur zuzuführen, um Blutzuckerspiegelschwankungen zu verhüten. Während des Wettkampfes besitzen Trinkpausen oft ihre eigene Sportromantik voller Aberglaube, Hoffnung und Enttäuschung; zuweilen werden jeweils andersartige Mixturen ab zwanzigstem Marathonkilometer in verschieden bunten Bechern bereitgestellt, die oft nicht gefunden, verwechselt, verschüttet oder vom Gegner getrunken werden. Zeitverluste stellen sich ein. Taktische Chancen für Zwischenspurts werden von Nichttrinkern listig ausgenützt. Manche Marathon- oder Skilangläufer gestatten sich keinen oder nur einen Schluck Wasser, der gleichsam im «Fluge» getrunken wird, um keine kostbaren Sekunden zu verlieren, zumal der Kaloriengewinn der Glykogenmixturen sehr gering ist und oft bis zum Ende des Rennens gar nicht mehr verwertet werden kann. Beim 50-km-Gehen wird ein süsser Haferschleim mit Frischfruchtsaft gereicht, um dem Hungerast zu begegnen, der an sich ein Zeichen einer schlechten Trainingsvorbereitung ist. Würstchen und leckeres Picknick haben am Verpflegungstisch nichts zu suchen, wie es zuweilen beobachtet werden konnte; es spricht für den guten Willen des Veranstalters, aber nicht für den trainierten Sportler, dort stehenzubleiben. Nach dem Wettkampf müssen vor allem die Flüssigkeitsverluste langsam, nicht giessbachartig aufgefüllt werden. Das Blut ist eingedickt, der Harn konzentriert. Die Magensaftsekretion ist stark reduziert, so dass bis zu 2 Stunden Verdauungsstörungen entstehen können. Kühle Puddingsuppen, Joghurtfruchtgemische, Obstkaltschalen werden am besten vertragen.

Als Tageskalorienbedarf können folgenden Sätze gelten (Kö = Körpergewicht):

Mittelstreckler	(70 kg Kö)	5400 Kalorien
Langstreckler	(65 kg Kö)	5400 Kalorien

Marathonläufer	(60 kg Kö)	5000 Kalorien
20- und 50-km-Geher	(70 kg Kö)	6100 Kalorien
Skilangläufer, Biathlon	(65 kg Kö)	5700 Kalorien
Schwimmer (400—1500 m)	(70 kg Kö)	5400 Kalorien

Ernährung im Kraftausdauersport

Als Sportarten dieser Kategorie gelten u. a. der Radsport (Strasse), Eisschnellauf ab 1500 m, Bergsteigen, Rennrudern, Kanurennsport. Der Anteil der erforderlichen Tageskalorien an Kohlenhydraten beträgt 56%, an Fetten 27%, an Eiweissen 17%. Die Eiweisszufuhr ist also wenig erhöht. *Consolazio et al.* (1975) haben während 40 Tagen zwei Gruppen von jüngeren Sportlern mit 1,4 g/kg Kö bzw. 2,8 g/kg Kö Eiweiss verpflegt und physisch belastet und festgestellt, dass wohl die Muskelmasse, nicht aber die Muskelleistung eindeutig gesteigert wurde. Vor dem Wettkampf nehmen Radsportler aus Erfahrung ein zartes, fettarmes Entrecôte oder ganz weiche Rühreier mit Magerschinken zu sich; der Magen ist längere Zeit leicht gefüllt und eine gleichmässige Resorption der Nährstoffe ist gewährleistet. Im Strassenrennsport werden während des Wettkampfes bei langen Etappen zuweilen im Verpflegungsbeutel festere Nahrung wie Bananen, Eierkuchen, Reiskuchen neben der «schnellen Pulle» mit vitaminisiertem süssem Haferschleim und einem flüssigen Eigelb gereicht. *Jokl* (1974) hat auf die günstigen Auswirkungen von zusätzlich eingenommenem Natriumphospat auf die Ausdauer und auf Muskelschmerzen hingewiesen. Nach dem Kampf soll man am Abend kein üppiges Steakfestgelage veranstalten; der Magen wünscht leicht verdauliche, halbflüssige Nahrung. Die tägliche Flüssigkeitsmenge wird ebenfalls auf 3 Liter angesetzt.
Als Tageskalorienbedarf kommen folgende Sätze in Frage:

Radsportler (Strassenfahrer)	(70 kg Kö)	6200 Kalorien
Eisschnelläufer (ab 1500 m)	(70 kg Kö)	5400 Kalorien

Bergsteiger	(65 kg Kö)	5000 Kalorien
Rennruderer	(80 kg Kö)	6600 Kalorien
Kanurennsportler	(75 kg Kö)	6200 Kalorien

Ernährung im Schnellkraftsport

Als Sportarten dieser Kategorie verstehen wir alle übrigen leichtathletischen Disziplinen, sowie Eiskunst- und Eisschnellauf bis 500 m, Fechten, Gymnastik, Kanuslalom, Motorsport, Kegeln, Radsport (Bahnfahrer), Reitsport, Schiessen und Bogenschiessen, Schlittensport, Schwimmen (Kurzstecken), Ski (Alpin und Sprung), Tischtennis, Turnen und Wasserspringen. Der erforderliche Kohlenhydratanteil an der Tageskalorienmenge beträgt 52 %, der Eiweissanteil 18 %, der Fettanteil 30 %. Als tägliche Trinkmenge werden 2 bis 2,5 l angesetzt. Der Eiweissbedarf ist wiederum etwas erhöht. Vor dem und im Wettkampf sind im leichtathletischen Mehrkampf, beim Modernen Fünfkampf sowie allenfalls beim Turnen besondere Ernährungsspielregeln zusätzlich zur Basisernährung zu berücksichtigen. Besondere Berücksichtigung hinsichtlich einer subtilen Ernährungsberatung benötigt der Turnierkämpfer. Leicht verdauliche Eiweissarten wie Hühnerfleisch oder Brühe mit Ei und wenig Reis werden bevorzugt. Rasche wie langsam resorbierbare Kohlenhydrate sind auszuwählen, um plötzliche Änderungen des Blutzuckerspiegels zu vermeiden, also Zwieback, Keks, Wiener Süsspeisen, Gebäck, Birchermüsli, Haferflockensuppe mit Milch und Honig, dünner Maisbrei mit Konfitüre, Buchweizengrütze mit Frischfruchtmark, Puddings. In der Ernährungsbetreuung des Zehnkämpfers zeigt sich der Fachmann; oft sind auch Turnierkämpfer durch Ernährungsfehler vorzeitig im Boxen, im Ringen, in Spielen, in Läufen, in Fechtturnieren ausgeschieden, wenn der Aktive sich selbst überlassen war und unberaten «drauflos futterte». Meist besteht jedoch eine ausgesprochene Appetitlosigkeit des Aktiven, die durch geschickte Kostwahl überspielt werden muss, um kein energetisches Defizit zuzulassen.

Als Tageskalorienbedarf gelten folgende Sätze:

Zehnkämpfer	(80 kg Kö)	6200 Kalorien
Fünfkämpfer	(75 kg Kö)	5800 Kalorien
Kurzstreckler	(70 kg Kö)	5000 Kalorien
Sprungdisziplinen	(75 kg Kö)	5400 Kalorien
Eiskunstläufer	(70 kg Kö)	4900 Kalorien
Fechter	(70 kg Kö)	5200 Kalorien
Gymnastik	(60 kg Kö)	4200 Kalorien
Kanuslalom	(75 kg Kö)	5500 Kalorien
Reitsport	(70 kg Kö)	5000 Kalorien
Schwimmer (100 m)	(70 kg Kö)	5500 Kalorien
Segeln	(75 kg Kö)	5100 Kalorien
Ski alpin	(70 kg Kö)	5400 Kalorien
Skispringer	(75 kg Kö)	5800 Kalorien
Tischtennis	(70 kg Kö)	4600 Kalorien
Turner	(65 kg Kö)	4700 Kalorien

Ernährung im Kraftsport

Zu den Kraftsportarten zählen wir Gewichtheben, Wurf- und Stossdisziplinen sowie die Kampfsportarten Boxen, Schwingen, Ringen und Judo. In der ersten Gruppe werden 42% Kohlenhydratanteile an der Gesamtkalorienmenge veranschlagt, 22% Eiweiss und 36% Fett. Hier gilt die Entwicklung der Maximalkraft als wichtigste Trainingsaufgabe, die durch eine gut dosierte Basisernährung vorbereitet werden muss. Es nützt dem Werfer und dem Heber nicht viel, wenn er inaktive «Masse» durch überreiche Fettkost anlagert. Auch mehr als 22% Eiweissanteile sind nicht sinnvoll, wenn der Fettanteil in vertretbarem Mass gehalten werden soll. Extreme Kostformen sind auf die Dauer nicht bedenkenlos anwendbar (*Åstrand* 1973). Die tägliche mittlere Kalorienmenge wird auf 6800 Kalorien beim Gewichtheben/Werfen/Stossen angesetzt, auf 5800 Kalorien beim Boxen/Ringen/Judo. Natürlich bestehen im Rahmen der verschiedenen Gewichtsklassen entsprechende Unterschiede, doch steigt der Kalorienbedarf durchaus nicht linear mit dem Körpergewicht. Die mittlere tägliche Trinkmenge liegt bei 2,5 bzw. 3,0 l. Da in den Kampfsportarten durch hohen

Gewichtheben

Schweissverlust und grossen Milchsäureanfall eine Azidose droht, ist die Basiskost speziell alkalisch auszurichten, besonders mit Milcheiweiss. Der Fettanteil ist mit Butterfett, Sahne, Rahm zu decken. Als letzte Mahlzeit vor dem Wettkampf werden hier Hühnerfrikassee, Kalbsgeschnetzeltes, Rührei, grilliertes Hähnchen als leicht verdauliches Eiweiss empfohlen. Bei Turnieren und Terminverschiebungen ist eine Zwischenverpflegung mit leicht verdaulichen, halbflüssigen Kohlenhydraten (Fruchtmus, Obstsäfte mit Zwieback, Pudding) angebracht.
Nach den Wettkämpfen kann man mit Vorteil die Kohlenhydratanteile der Kost anbringen, da jetzt grosser Glukosebedarf besteht und Kohlenhydrate vom Sportler eher als Eiweiss gesucht werden (*Biener* 1957).
Eine wichtige Bedeutung hat bei diesen Sportarten jedoch die sogenannte Reduktionskost. Wenn versucht wird, durch radikales Hungern niedrigere Gewichtsklassen zu erreichen, so geht oft wertvolle Eiweissubstanz verloren. Ein Verlust an Körpergewicht sollte prinzipiell nur aus dem Abbau von Fettgewebe resultieren. Ein übertriebenes Gewichtmachen über die Haut, über das Herz, über den Darm und über die Niere unter rapidem Wasserverlust mit Hilfe von Medikamenten hat oft schon Medaillen und — die Gesundheit gekostet. Eine echte Gewichtsverminderung unter Einsatz einer Reduktionskost besteht in zeitweiligem Kaloriendefizit und extrem wenig Kohlenhydraten bei normaler Fett- und Eiweisskost unter Beibehaltung intensiven Trainings und in der letzten Phase einer dosierten Saunaunterstützung unter Vermeidung von Mineralverlusten durch massive Schweissbildung.
Schliesslich muss nochmals ein Wort zur Ernährung des Kraftsportlers nach seinen Hochleistungsjahren gesagt werden. Es ist zur Vermeidung von Hyperlipidämien (hohen Blutfettspiegeln) und Übergewicht mit der Gefahr einer Bluthochdruckbildung, einer Arterioskleroseneigung und eventueller späterer Stoffwechselentgleisungen sowie von Herz-Kreislaufgefährdungen nötig, diese Kostgewohnheiten auf Normalkost zu reduzieren, das Übergewicht zu vermindern sowie stets eine ausgleichende sportliche Betätigung in irgendeiner Form das ganze Leben lang beizubehalten.

Als Tageskalorienbedarf in diesen Sportarten gelten folgende Sätze:

Ringen/ Schwingen	(75 kg Kö)	5800 Kalorien	je nach Gewichtsklasse variant
Judo	(75 kg Kö)	5800 Kalorien	
Boxen	(75 kg Kö)	5800 Kalorien	
Wurf	(90 kg Kö)	7000 Kalorien	
Gewichtheben	(80 kg Kö)	6600 Kalorien	

Ernährung im Spielsport

Zu den Spielsportarten gehören alle Ballspiele sowie Eishockey/Rasenhockey, Tennis und Rugby. Hier werden 54% Kohlenhydrate innerhalb der Gesamtkalorienmenge gerechnet, 18% Eiweiss- und 28% Fettanteile. Als tägliche Trinkmenge veranschlagt man 2,5–3 l. Als mittlerer Tageskaloriensatz gelten 5500 Kalorien. Man muss sich im klaren sein, dass man eine Basisernährung nicht dem Einzelwissen eines Spielers oder seiner Ehefrau oder Verlobten überlassen kann; Information durch die Trainer tut not, wenn man Erfolge erreichen will. Fachvorträge über die Sportkost im Beisein der Mütter oder der Partnerinnen der Spieler haben sich bezahlt gemacht. Das Laufpensum nicht nur eines Nationalligaspielers auf dem Fussballfeld kann bis zu 15 km pro Spiel betragen. Sportspiele sind in ihren azyklischen Bewegungsabläufen durch Ausdauer und Schnellkraft gekennzeichnet. Entsprechend ist die Kost vor allem kohlenhydratreich auszurichten. 3 Stunden vor dem Wettkampf soll eine letzte, vollwertige Mahlzeit mit etwa 1200–1400 Kalorien zugeführt werden, welche aus Huhn/Kalb, Rührei, einem fettarmen Schnitzel mit Beilage nach Wahl (Kartoffeln, Reis, Spaghetti) ohne zellulosereiche Gemüse besteht. Auch die Flüssigkeitsmenge und die Obstzufuhr sind jetzt massiv zu drosseln, um nicht unnötigen Gewichtsballast zu erzeugen. Auch ein Fussballspieler kann mit Vorteil Gewicht machen! In der Spielpause sind Süsstee, wenig Obst, Säfte, ausgeschütteltes Mineralwasser brauchbar. Anstrengende Turniere erfordern wiederum geschickte Kalorienzufuhr leichtverdaulicher, breiartiger Nahrungsmittel in Form meh-

rerer kleiner kurzer Snacks statt einer üppigen Hauptmahlzeit.
Als Tageskalorienbedarf gelten:

Fussball	(70 kg Kö)	5500 Kalorien
Handball	(75 kg Kö)	5800 Kalorien
Basketball	(75 kg Kö)	5500 Kalorien
Volleyball	(75 kg Kö)	5300 Kalorien
Wasserball	(75 kg Kö)	5800 Kalorien
Tennis	(70 kg Kö)	5200 Kalorien
Eishockey	(70 kg Kö)	5500 Kalorien
Rasenhockey	(70 kg Kö)	5400 Kalorien
Rugby	(75 kg Kö)	5500 Kalorien

Beispiel eines Wochenplanes zur Sportkost (mittlerer Individualernährungsplan)

Innerhalb der privaten Ernährung eines Amateursportlers müssen einige Spielregeln eingehalten werden. Als Beispiel führen wir einen Individualernährungsplan für eine Woche an, der natürlich je nach Sportart, Körpergrösse und Körpergewicht sowie nach Alter und Geschlecht variieren kann. Ebenso richtet er sich nach dem saisonalen Kostangebot auf dem Markt. Derartige Pläne werden auch von geographischen Kostgewohnheiten bestimmt.

	morgens	mittags	abends
Montag	Vollkornbrot, Butter, Joghurt oder Kefir, Käse, Hagenbuttenmark, Saft von 2 Orangen und einer halben Zitrone, Milchkaffee	kleingehackte Karotten-Äpfel mit Sultaninen, Schnitzel oder Entrecôte, Rosenkohl, Salzkartoffeln, Fruchtquarkspeise.	Spaghetti bolognese, gemischter Frischsalat (keine Gurken), Apfelsaft.

	morgens	mittags	abends
Dienstag	Schwarzbrot, Quark, Honig, Butter, Ovomaltine.	Siedfleisch mit Gemüse, Butterkartoffeln. Frischer Fruchtsalat mit Dattelschnitzen und Rosinen.	Bündnerfleisch, Vollkornbrot, Butter, Tomatensalat, Milchfruchtdrink.
Mittwoch	Birchermüsli, Grahambrot, Aprikosenkonfitüre oder Pflaumenmus, ein Ei (4 Min. gekocht), Butter, Pfefferminztee.	Tomatenjuice, Kalbsschnitzel, Blumenkohl, Rösti, Kirschen oder Himbeeren.	Wienerli oder Schüblig mit Kartoffelsalat, Traubensaft oder Buttermilch.
Donnerstag	Erdbeer-Milchshake, Cornflakes mit Milch, Ruchbrot, Butter, Wurst, Honig, Milch-Kaffee.	Geschnetzeltes Poulet mit Mais. Gemischter Salat, Obst.	Kalte Platte, kein Speck, Radieschen. Früchtejoghurt.
Freitag	Schwarzbrot, Käseplatte, Ölsardine. Joghurt oder Kefir. Ovomaltine.	Fisch (Kabeljau, Goldbarsch) mit Senfsauce, Salz-Kartoffeln oder paniertes Heilbuttfilet mit Kartoffelsalat, grüner Salat, Fruchteis.	Gschwellte Kartoffeln mit Käse, Salat. Süssmost.
Samstag	Birchermüsli, Vollkornbrot, Schinken, Butter, Honig, Milchkaffee.	Spinat mit zwei Spiegeleiern, Bratkartoffeln, Salat. Pudding, Früchte.	Salatplatte (Rohkost) mit Brot, Butter, Kräuterquark. Buttermilch.
Sonntag	Ruchbrot, Knäckebrot, Thunfisch oder Lachs geräuchert, ein Ei (4 Min. gekocht), Pfirsich- oder Aprikosen-Milchshake, Cafe crème.	Leberschnitte mit Zwiebelringen oder Rumpsteak mit Frischgemüse, Torte, Aprikosen.	Gefüllte Tomaten oder Paprika mit Reis oder Forelle blau mit Salzkartoffeln. Grüner Salat. Tee von Zitronenmelisse.

Zusammenstellung der Trainingsnahrung

Tagesmenge für einen Bedarf von 3500 Kalorien.

Milch	4 dl
Käse	60 g
Fleisch oder Fisch	300 g
Ei	1 Stück
Brot Schwarzbrot/Vollkornbrot	300 g
Getreideflocken	30 g
Kartoffeln, Teigwaren oder Reis gekocht	400 g
Gemüse gerüstet	bis 500 g
Zitrusfrüchte Nettogewicht	150 g
Butter	30 g
Pflanzenöl	20 g
Margarine	15 g
Konfitüre oder Honig	50 g
Zucker, Traubenzucker	50 g
Fruchtsäfte	2,5 dl
Früchte, Nüsse	150 g

Aufteilung der Nährstoffe bei Aufnahme von mehr als 3000 Kalorien pro Tag: 15 % hochwertiges Eiweiss, 55 % Kohlenhydrate, 30 % Fett. (nach W. Schudel)

Ernährungsgewohnheiten von Leistungssportlern

In einer Studie zusammen mit *Marmy* (1971) haben wir die Ernährungsmodalitäten von 100 Leistungssportlern, und zwar von 50 Fussballspielern der Nationalliga A sowie von 50 Leichtathleten aus den Zehnbestenlisten der Schweiz untersucht. 15% nehmen das Morgenessen, 48% das Mittagessen und 18% das Abendessen auswärts zu sich; es zeichnet sich hier auch die für die Durchschnittsbevölkerung geltende Tendenz ab, wegen der verkürzten Mittagspause und der Verkehrsbehinderung das Mittagessen in Arbeitsplatznähe einzunehmen. Dagegen dürften vor allem die

Cross

Alleinstehenden morgens und abends auswärts essen, wobei es offen bleibt, ob die Zusammensetzung dieser Kost immer den Wünschen und Erfordernissen des Spitzensportlers entspricht. Auch die unregelmässige Verteilung über den Tag ist aufschlussreich; für 5% ist die Hauptmahlzeit das Morgenessen, für 57% das Mittagessen. Der Zeitpunkt des Abendessens ist bei den meisten Leistungssportlern von der Trainingsdauer abhängig. 11% essen von 18 bis 19 Uhr, 26% von 19 bis 20 Uhr, 57% von 20 bis 21 Uhr und 6% von 21 bis 22 Uhr zu Nacht, im Durchschnitt also recht spät. Bei knapp der Hälfte aller Probanden entfällt mehr als ein Drittel der täglichen Nahrungsmenge auf das Nachtessen, wobei die relative Reichhaltigkeit sowie die späte Einnahme im Widerspruch zu den Empfehlungen der modernen Ernährungsforschung steht.

Die Nahrungszusammensetzung ist sporthygienisch und leistungsmedizinisch von grösster Wichtigkeit. Keiner der 100 untersuchten Spitzensportler richtet sich nach einem hinsichtlich Kalorienmenge oder anteilmässig für Kohlenhydrate, Fett und Eiweiss berechneten Kostplan. Von den Befragten bevorzugen 63% mit Recht Brotsorten, die aus hochausgemahlenem Mehl hergestellt werden, davon 10% Vollkorn- oder Grahambrot. Nur 23% essen vorwiegend Weissbrot, Semmeln und ähnliches, 14% wechseln zwischen verschiedenen Brotsorten ab. Reis als Beikost wird bei den Fussballspielern am meisten bevorzugt, es folgen Kartoffeln, dann Teigwaren; bei den Leichtathleten waren diese Nahrungsmittel gleichmässig im Menüplan verteilt. Obst essen 14% seltener als einmal täglich, 34% einmal täglich, 52% häufiger als einmal täglich. Innerhalb der Eiweisskost hat der Fleischkonsum den Vorrang; 20% essen bis einmal am Tag Fleischgerichte, 78% einmal bis zweimal, 2% über zweimal. Die bevorzugten Fleischarten Kalb- und Rindfleisch sind gleichzeitig auch die teuersten. Von einzelnen Zehnkämpfern und Langstreckenläufern in Mengen bis zu 500 g am Tag verzehrt, können sie ein finanzielles Problem bedeuten. Schweinefleisch und Wurstwaren werden häufig abgelehnt. 92% der Probanden trinken ein- bis zweimal täglich Milch in irgendeiner Form. Unter den bevorzugten Getränken wird Milch von mehr als drei Vierteln der Leichtathleten, dagegen nur von einem Drittel der Fussballspieler

genannt. Nach dem Training trinken in beiden Gruppen rund drei Fünftel mit Vorliebe Milch oder Milchgetränke.
Die Mehrheit der Fussballer bevorzugt scharfe Speisen, von den Leichtathleten nur knapp die Hälfte. 21 % aller Befragten salzen ihre Speisen regelmässig nach, 79 % nie oder nur gelegentlich.
Hinsichtlich der Flüssigkeitsaufnahme pro Tag werden von den Fussballspielern 1 bis 1,5 Liter, von den Leichtathleten 2 bis 2,5 Liter Flüssigkeitsaufnahme als täglicher Durchschnittswert angegeben. Nach dem Training werden von beiden Sportlergruppen ziemlich gleichmässig verteilt folgende Getränkearten aufgenommen (Mehrfachnennungen): Milch/Milchgetränke 62%, Mineralwasser mit Sirup oder Zusatz 29%, Fruchtsäfte/Süssmost/Traubensaft 13%, Tee 39%, klares Mineralwasser oder Brunnenwasser 12%, Bier/saurer Most 6%, Bouillon 2%.
Die Ernährung vor dem Wettkampf interessierte uns im letzten Teil der Erhebungen. Die Fussballer essen vor einem Spiel meist oder immer im Mannschaftsverband. Das Menü setzt sich bei den drei untersuchten Clubs fast gleich zusammen. Es enthält immer Fleisch, meist grilliertes Kalb- oder Pouletfleisch. Als Gemüse werden Spinat und Karotten besonders häufig genannt, dazu kommen Reis oder Kartoffelpurée. Salat wird eher abgelehnt, frische Früchte werden vor dem Spiel nur in einer Mannschaft regelmässig genossen. Bei den Leichtathleten wird das Menü vor dem Wettkampf individueller gestaltet. Es besteht aber auch hier häufig aus Kalb- oder Rindfleisch, Reis und nichtblähenden Gemüsen. Darüber, ob Salat zuträglich sei oder nicht, gehen unter den Athleten die Meinungen auseinander. Bouillon, rohe Eier oder Bouillon mit Ei werden nur von einigen Leichtathleten genannt, noch seltener vorwiegend kohlenhydratreiche Getränke und Zwischenverpflegungen mit Zucker, Honig etc. als Wettkampfnahrung.
Die letzte Mahlzeit wird von den Fussballern meist drei bis vier Stunden vor Spielbeginn eingenommen. Bei den befragten Leichtathleten variiert diese Zeitspanne stärker. Nur wenige, darunter keine Langstreckenläufer, essen noch weniger als drei Stunden vor Wettkampfbeginn. Die restlichen Athleten geben ein Intervall von drei bis vier und, ebenso häufig, über vier Stunden an.

In einer weiteren Studie zusammen mit *Friederich* (1974) haben wir bei 200 Handballspielern der Nationalligen A und B sowie der 1. bis 3. Liga der Schweiz entsprechende Erhebungen durchgeführt. Für 78% ist das Mittagessen die Hauptmahlzeit, für 17% das Nachtessen, für 5% das Frühstück. Vor einem Handballspiel wird die letzte Nahrung 2,3 Stunden vorher eingenommen. 80% pflegen eher viel, 20% eher wenig Fleisch zu essen. 14% trinken nie Bier, 15% nie Wein, 34% nie Spirituosen. Praktisch jeder siebente dieser Handballspieler ist abstinent. 52% sind Nichtraucher.
In einer weiteren Studie zusammen mit *Caluori* (1975) wurden bei 275 Tennisspielern der Spitzenklasse der Schweiz gleiche sportmedizinische Untersuchungen wie bei den Handballspielern vorgenommen und dabei auch die Ernährungsgewohnheiten beleuchtet. Für 55% ist das Mittagessen die Hauptmahlzeit, für 38% das Nachtessen, für 7% das Frühstück. Vor einem Tennismatch wird die letzte Nahrung wie folgt eingenommen:

0—1 Stunden vor Spielbeginn	14,5%
1—2 Stunden vor Spielbeginn	59,0%
2—3 Stunden vor Spielbeginn	22,0%
3—4 Stunden vor Spielbeginn	4,5%

45% ändern am Wettkampftag ihre Nahrung überhaupt nicht, während 55% eine leichte Kost bevorzugen. Als leichte Kost wird bevorzugt: Fleisch (28%), Salat (12%), Bouillon (3%), Früchte (3%), Reis (2%), Sonstiges (7%). 7% trinken nie Wein, 17% nie Bier. 64,5% sind Nichtraucher.

Trainer und Sporternährung

Um diesen Problemkomplex zu untersuchen, wurden während vier Jahren 153 Absolventen der Fussballtrainerlehrgänge zu Beginn des Kurses über spezielle Aspekte der Sporternährung befragt (Biener 1975).
Eine bisherige Unterweisung über diese Frage war bei 51% der Trainer erfolgt (davon 9% durch Ärzte, 15% durch Selbststudium), 49% hatten noch keine spezielle Kenntnis

über Ernährungsprobleme im Sport. Die Informationswünsche erstreckten sich zumeist auf konkrete Kostpläne (54%), auf die Kalorienmenge (25%), auf den Zeitpunkt der Nahrungsaufnahme vor dem Wettkampf (14%). Hinsichtlich der Trainings- und Wettkampfkost bestanden unterschiedliche Vorstellungen. 62% der Trainer waren gegen eine Speisezufuhr in der Halbzeit, 16% plädierten für Traubenzuckerabgaben, 15% für Zitronenschnitz oder -saft, 5% für Joghurt- und Bienenhonigdrinks, 2% für Früchte. 35% lehnten Getränke in der Halbzeit generell ab. 17% liessen nur den Mund spülen, 47% hielten Getränke in der Halbzeit für ratsam, 1% wusste keine Antwort. 40% aller Trainer hatten mit ihren Schützlingen die Ernährungsgrundsätze besprochen, 30% hatten nur vor Spielen oder Wettkämpfen entsprechende Hinweise gegeben, 8% hatten zuweilen einen Kosttip geäussert und 22% hatten noch keine Regeln über eine Sportkost mitgeteilt.

Fitness im Jahr 2000

Doch es geht nicht nur um den Spitzensport, sondern auch um die Fitness durch Breitensport. Immer mehr rücken Bewegungsmangelkrankheiten in den Vordergrund der präventivmedizinischen Forschungen. Unser Weltbild wird immer mehr charakterisiert durch die technische Entwicklung. Wir haben unsere Arbeit der Maschine und immer mehr unsere körperliche Bewegung dem Auto delegiert. Die Menschen aller Kontinente rücken durch das Schnelltransportwesen zusammen. Schon fährt das Auto auf dem Mond. Das Menschenbild wird zwangsläufig durch diese Wandlung mitgeformt. Körperlich stellen sich immer mehr Bewegungsmangelkrankheiten als medizinisches Problem ein. Geistig ist ständige Konzentration erforderlich, das Funktionieren dieser hochtechnisierten Welt zu garantieren; eine zentralnervöse Erschöpfung ist nur zu oft die Folge.
Unser Problem liegt darin, uns dabei so fit zu halten, dass wir diese Lebensaufgaben meistern und dabei selbst Freude und Beglückung am Leben finden. Eine Lösung, dieses Fitsein und damit letztlich Gesundheit und Lebensfreude zu erlangen, liegt in der sportlichen Tätigkeit. Die Epidemiolo-

gie der hypokinetischen Erkrankungen, zu der wir in psychosomatischer Sicht seelische wie körperliche Schäden zählen können, ist ein modernes Forschungsgebiet der Präventivmedizin geworden.
Nachteilig wird die Situation vor allem für das Herz (Büroherz, Autoherz, Schreibmaschinenherz, Fernsehherz, Faulenzerherz); es kommt in Folge eines Trainingsmangels zu unökonomischer Kreislaufregulation. Daher ist aktives Training, täglich 20 Minuten, beziehungsweise mindestens zweimal wöchentlich 1 bis 2 Stunden, unerlässlich.
Im Jahr 2000 werden wir also immer mehr den Gesundheitssport fördern. Sportrezepte, sogenannte «Grüne Rezepte» helfen, dem Bewegungsmangel entgegenzutreten.

Fitnessernährung im Jahr 2000

Doch nicht nur regelmässige Bewegung, sondern auch eine ausgewogene Ernährung gehören zur gesunden Lebensführung. Unzweckmässige Essgewohnheiten können die körperlichen Funktionen nachteilig beeinflussen. Viel hilft nicht immer viel, und gut ist nicht immer gut. Durch geschickte Anwendung ernährungsphysiologischer Erfahrungen sind Schäden durch falsche Kost weitgehend zu vermeiden.
Immer wieder zieren Schlagzeilen über Ernährungsprobleme die Zeitschriften und Zeitungen. Heute sind es die Hormone im Kalbfleisch, morgen die Nebenwirkungen von Konservierungsmitteln, übermorgen der Zweifel an der Natürlichkeit biologischer Produkte. Hier Saccharin, dort Zucker – hier Butter, dort Diätmargarine ohne Kokosfett, welches bis zu 92% gesättigte Fettsäuren enthält. Der amerikanische Nationale Forschungsrat teilt in einem Bericht mit, dass Krebs nicht unvermeidlich sei; gewisse Krebsformen sollen durch zu fettreiche, zu stark raffinierte Nahrung begünstigt werden, auch gepökelte und geräucherte Lebensmittel wegen zu hoher Nitrat- und Teerderivateanteile sowie zu hoher Alkoholkonsum in Verbindung mit starkem Rauchen sollen bedenklich sein. Vor allem wird in diesem Bericht auf die Beziehung zwischen Fettkonsum und Dickdarm-, Brust- sowie Prostatakrebs hingewiesen.

Können also Lebensmittel zu Krankheitsmitteln, ja sogar zu Todesmitteln werden? Die wissenschaftliche Diskussion wird weitergehen; immer wieder werden Schlussfolgerungen zur Änderung der Ernährungsgewohnheiten der Bevölkerung gezogen.

Wie sieht aber die Ernährungssituation gegenwärtig aus? Im Rahmen unserer Studie über das Gesundheitsprofil und die Lebensgewohnheiten berufstätiger Frauen (*Stransky* u.a. 1982, *Biener und Schär* 1985) wurden 933 repräsentativ ausgewählte Probandinnen im Alter von 20 bis 59 Jahren auf die Ernährungsgewohnheiten untersucht. Rund die Hälfte dieser Frauen (52%) schränkte sich beim Essen bewusst ein. Jede zweite Frau bevorzugt Ruchbrot, jede dritte Weiss- oder Halbweissbrot; nur 8% wählen meistens Vollkornbrot. Jede fünfte Probandin trinkt Milch. 88% der Befragten verzehren mindestens jeden zweiten Tag Fleisch. 92% konsumieren mindestens jeden zweiten Tag Salate. 23% der Frauen essen oft oder sehr oft Schokolade, 15% Patisserie. Rund die Hälfte der Probandinnen trinkt den Kaffee ungesüsst, jede vierte bedient sich ausschliesslich künstlicher Süssstoffe. Rund ein Drittel dieser berufstätigen Frauen beginnt den Tag ohne Frühstück.

Der Fettanteil der Nahrung sollte im Jahr 2000 statt 40% auf unter 30% gesenkt werden, wobei vor allem die «heimlichen» Fette zu meiden sind. Weiterhin ist der Bedarf an Ballaststoffen zu decken, die besonders im Vollkorngetreide und im Gemüse zu finden sind. Ballaststoffe regen die Peristaltik an und bringen dadurch potentielle kanzerogene Stoffe zur Absorption und rascher zur Ausscheidung. Beispielsweise haben wir in der Schweiz um die Jahrhundertwende noch rund 500 g Vollkornbrot pro Person konsumiert, heute nur noch rund 200 g meist Weissbrot, beziehungsweise Halbweissbrot. Im Jahr 2000 sollen also wieder vermehrt Vollkorngebäck, Vollkornbrot, Vollkornmüsli, Vollkorndauerbackwaren unseren Speisezettel bestimmen, nicht zuletzt auch, um Darmleiden wie Obstipation und Divertikulose zu vermeiden. Eine Zukunftskost wird ebenfalls — nicht zuletzt im Hinblick auf den amerikanischen Bericht zur Karzinomprävention — mehr Früchte und Gemüse statt vitaminlose Konzentrate beinhalten. Besonders haben sich als Vitamine das Beta-Karotin als Vorstufe des

Vitamin A sowie Vitamin C (Ascorbinsäure) in Laboratoriumsversuchen als protektiv erwiesen. Auch hinsichtlich der Kostmenge muss sinnvoll gehaushaltet werden. Der tägliche Kalorienbedarf zwischen 1800 und 3000 Kalorien je nach Grösse, Beruf und Alter sollte zu 18% auf Eiweiss, zu 27% auf Fette und zu 55% auf Kohlenhydrate verteilt sein. Wir essen jedoch im Durchschnitt zur Zeit 3500 Kalorien und sind im Mittel 8 kg zu schwer. Der Fettbedarf wird fast ums Doppelte überschritten, der Eiweissbedarf um die Hälfte. Im Jahr 2000 muss die Kostverteilung bei jedem Menschen sinnvoller geregelt werden.

«Prudent Diet» — die kluge Diät

Die «kluge Diät» des Jahres 2000 muss die Baustoffe (Eiweiss und Mineralstoffe), die Schutzstoffe (Vitamine) und die Betriebsstoffe (Kohlenhydrate und Fette) in ausgewogener Form enthalten. Als allgemeine Regeln gelten:

1. Abwechslungsreiche, vielseitige Kost.
2. Täglich Obst und Gemüse, z. T. nach Möglichkeit roh.
3. Dunkles Brot, Vollkornbrot bevorzugen.
4. Fette einschränken, ebenso fettes Fleisch und fette Wurst.
5. Zubereitungsformen wie Dünsten, Dämpfen, Grillieren haben den Vorzug.
6. Eiweisshaltige Nahrungsmittel machen satt, aber nicht korpulent. Keine Eiweissüberfütterung.
7. Milch als Magermilch hat den Vorzug.
8. Salzreduktion, Alkoholmässigung, je nach Möglichkeit Süssstoffe.
9. Die Ernährungsgewohnheiten sind zu beachten: ruhig, regelmässig, mässig, abends nicht zu spät, nicht zu fett, nicht zu süss, nicht zu salzig.

Das Ziel einer künftigen gesunden Ernährung im Jahr 2000 wird es bleiben, den Energiebedarf des Körpers zu decken und durch schmackhafte Auswahl und Zubereitung der Lebensmittel ihren Nährwert, die Vitamin- und die Mineralspiegel zu erhalten.

Begeisterung nach dem Torerfolg

Konzentratnahrung

Immer mehr bemüht man sich, für die Sporternährung entsprechende Konzentrationsprodukte herzustellen. Einerseits kann der Sportler die erforderlichen Lebensmittel oft gar nicht ohne zusätzliche Stoffwechselenergie im Körper umsetzen, andererseits fehlen bei seiner Nahrungsauswahl zuweilen wichtige Vitamine oder Nährsalze. Manchmal sind auch finanzielle Probleme mit einer ausreichenden und qualitativ hochstehenden Sportlerkost verbunden.
Als Beispiel einer Sportnahrung in fester Form hat sich das *familia Champion Müesli* bewährt. Es setzt sich zusammen aus Vollkornhaferflocken, Traubenzucker, Vollkornschrot von Weizen und Roggen, Äpfeln, Sojakernen, Hirseflocken, Rohzucker, Magermilchpulver, Weizenkeimflocken, Sultaninen, Aprikosen, Cornflakes, Orangen-Fruchtpulver, Haselnüssen, Malzextrakten, Bienenhonig, Hagebuttenpulver, Vitamin B_1 B_2 B_5 B_6 B_{12} PP C und E. Der Energiewert von 100 g Müesli entspricht 1683 kJ (402 kcal). Zusammen mit reichlich Milch bzw. mit Joghurt angerührt, ist es als Zwischenkost oder als Hauptmahlzeit geeignet, eventuell noch mit frischem Frucht- oder Zitronensaft angereichert. Als direkte Wettkampfkost kurz vor dem Start sei man in dieser Form eher zurückhaltend. Einer Zufuhr vier Stunden vor dem Start steht allerdings nichts im Wege. Da es in der Sportpraxis gar nicht so einfach ist, je nach Sportdisziplin einen Individualernährungsplan zu erstellen, wie es heute immer mehr erforderlich wird, ist eine möglichst optimale Basisernährung gesucht und willkommen. In Form dieser Vollkornkost mit speziellen Fruchtzucker- und Vitaminbeigaben ist es gelungen, diese Forderung weitgehend zu erfüllen. Da vier bis fünf kleinere Mahlzeiten am Tag besser verdaulich sind als zwei grosse, eignen sich mehrere Kleinportionen auch als Zusatzkost in der Vorbereitung für Turniere und Hochleistungsperioden ausgezeichnet. Markus Ryffel hat ein Champion-Rezept kreiert: familia Champion, Joghurt nature, Bananen, geraffelte Äpfel und Birnen, Zitronensaft, mit Honig süssen, nach Belieben geschlagenen Rahm darunterziehen, im Sommer frische halbierte Erdbeeren dazugeben.

Als Beispiel einer Zusatznahrung in flüssiger Form hat sich das *Bio-Strath* durchgesetzt. Zu einem Doppelblindversuch an 60 Probanden hat *Dörling* (1981) Verbesserungen u. a. der visuellen Reaktionszeit, der optischen Verschmelzungsschwelle, der Zweihandkoordination und eines errechneten Erholungsquotienten nach Fahrradergometrie bei Beobachtungszeit über 12 Wochen gegenüber einer Placebogruppe mitgeteilt. *Schwarzenbach* (1976) hat in einem siebenwöchigen Versuch mit 70 finnischen Spitzensportlern (Leichtathletik, Schwimmen, Schiessen, Fünfkampf, Wasserski, Fussball) das Präparat als Zusatznahrung zur Grundernährung getestet und u. a. von besseren Leistungen im 12-Minuten-Lauf sowie von einer vom Trainer objektivierten besseren Konzentrationsfähigkeit berichtet. Das *Bio-Strath* ist auf Hefebasis entwickelt worden; Hefezellen werden unter Zusatz von Wildpflanzen in einem Gärverfahren plasmolysiert, den verflüssigten Hefezellen wird Honig, Malzextrakt und Orangensaft zugesetzt.
Nicht nur der Spitzensportler, sondern auch der Hobbysportler kann im täglichen Freizeit- und Gesundheitssport mit derartigen festen und flüssigen Konzentratprodukten seine Ernährung ergänzen, sei es beim Jogging, beim Wogging, für Velotouren, Volksmärsche, Vitaparcours, Engadiner Skimarathon oder Bergtouren.

Ketzerische Schlussgedanken

Viele bisher üblichen Ansichten über die Sporternährung sind in den letzten Forschungen in Frage gestellt worden. Am Institut für Sportpsychologie der Universität von Kalifornien in Los Angeles wurde in Belastungsversuchen kürzlich festgestellt, dass man während sportlicher Übungen getrost trinken darf und nicht einmal abwarten soll, bis man Durst bekommt, um den Flüssigkeitsverlust auszugleichen. Zuckerzufuhr vor dem Wettkampf verleiht keine zusätzlichen Kräfte; Zuckernachschub ist höchstens nach anderthalb Stunden ununterbrochener Sportleistung wie Langstreckenlauf oder ausgedehntem Tennisspiel nötig. Auch blähende und stark gewürzte Speisen haben keine Lei-

stungseinbussen in Testversuchen bewirkt. Salztabletten sind manchmal schädlicher als Salzmangel.
Immer wieder wird darauf hingewiesen, dass ein Übermass an Eiweiss wertlos sei. Auf der Olympiade in München konnte der Sportler unter 30 Fleischgerichten wählen. Dabei hat die Meinungsverschiedenheit, ob der Sportler viel oder wenig Fleisch brauche, schon im Altertum bestanden, wie das klassische Gespräch der jungen Athleten Lysis und Alexios auf dem Weg zu den Isthmischen Spielen nach Korinth (412 v. Chr.) zeigt, als sie in Salamis den überschweren Ringkämpfer Autolykos beim üppigen Fleischmahl entdeckten. Rikschakulis in Japan begnügten sich vor grossen Tagesleistungen mit Vollreis, um das geschätzte Fleisch erst nachher mit Behagen zu verzehren. Auch von Alpinisten sind beste Leistungen mit geringer Eiweisszufuhr von 60–70 g/Tag bei 70 kg Körpergewicht unter Verzicht auf Wurst, Käse und Schokolade erreicht worden, wobei Vollkornbrot und Dörrobst neben Magermilchzufuhr und Obstsaft-Konzentrat die Hauptnahrung darstellten. Japanische Schwimmer und indische Hockeyspieler haben an Olympiaden bei eiweissknapper Kost oft überlegene Leistungen gezeigt, aber auch sowjetische Schwerathleten mit hohem Fleischverzehr und einem Eiweissminimum von 176 g/Tag.

1. Übertriebene Fleischzufuhr bewirkt wohl eine Zunahme der Muskelmasse, aber keine Leistungssteigerung. Ausserdem erhöht sich die belastende Stickstoffausscheidung im Urin.

2. Steaks sind nicht unbedingt die beste Eiweissquelle für Athleten. Mageres Schweinefleisch, Lamm, Huhn, Käse, Eier, Milch sind es auch.

3. Viele Lactovegetarier haben sportliche Höchstleistungen erbracht, z. B. Paavo Nurmi.

4. Es ist nicht nötig, erst zu essen und dann zu trinken. Trinke zum Essen, aber kaue die Speise gut und spüle sie nicht grob hinunter.

5. Man kann Wasser während der Ausdauerleistung trinken, aber nicht unnötig auch wegen des Gewichtszuwachses, den man schleppen muss! Auf 2 Pfund Gewichtsverlust des Körpers kann man 3–4, auf 4 Pfund 6–8 und auf 6 Pfund 9–12 Tassen Wasser aufnehmen.

6. Man kann auch einmal sogenannte «blähende Kost» wie Kohl, Hülsenfrüchte essen. Ebenfalls kann man Gewürze wie weissen und schwarzen Peffer, Paprika, auch etwas Senf wählen, wenn es einem schmeckt; allerdings muss man unnötigen Durst fürchten, also diese Gewürze nicht vor Langstreckenläufen zu sich nehmen.

7. Eine Tasse Kaffee hat noch keinen Sportler umgebracht. Tee (pro Tasse 0,1 g Coffein) und Kaffee (0,1–1,5 g Coffein) vor dem Start hatten allerdings bei nervösen Typen das Startfieber nur gesteigert und zu Frühstarts oder zum wiederholten Übertreten beim Weitsprung geführt. Umgekehrt sind Boxer oder Ringer vor allem der schweren Klassen danach erst richtig «aufgewacht» und haben die ersten oft schon entscheidenden Minuten nicht verschlafen.

8. Wenn ein Mensch ein Pfund Schokolade futtert, muss er anschliessend 200 Kilometer weit marschieren, um diese Kalorien wieder loszuwerden – auch ein Sportler!

9. Besonders Weissmehl und Zucker fördern die Zahnfäule – auch beim Sportler. Nach jeder Mahlzeit Zähne spülen oder möglichst putzen. Der gute Sportler hat stets die Zahnbürste auf sich.

10. Massive Vitaminstösse sind meist zwecklos. Unsere Sportkost birgt normalerweise alle notwendigen Vitamine und Spurenelemente.

11. Zwei Stunden vor dem Wettkampf kann man schon noch 500 bis 800 Kalorien «tanken», z. B. gesüssten Milchkaffee mit 2 Butterbroten oder eine gehaltvolle Bündner-Gerstensuppe oder ein Birchermüsli oder gekochtes Obst. Vier Stunden vorher kann man davon zwei Gerichte und 6 Stunden vorher kann man sich ein rechtschaffenes Mahl leisten.

12. Eine Stunde vor dem Wettkampf sollen Kohlenhydrate als Zucker nur bei Leistungen aufgenommen werden, die länger als eine Stunde dauern.

13. Unmittelbar vor dem Wettkampf? Nichts.

14. Und in der Halbzeit? Bouillon, Süsstee, ausgeschütteltes Mineralwasser. Nach einer Stunde Leistung ist 20 g Zucker als Fruchtsaft oder im Tee ratsam, dann alle dreiviertel Stunden wieder.

15. Und nach dem Wettkampf? Wie in der Halbzeit – und dazu Honigjoghurt und langsam substituierende Nährstoffe, jedoch keine üppigen Bankettschwelgereien.

16. Nach Abschluss der Leistungsjahre soll keine Gewichtszunahme erfolgen. Man soll nicht glauben, dass man nun mit Messer und Gabel das Versäumte nachholen darf.

Literaturverzeichnis am Schluss

. . . Kalorien = . . . Joules

1 Kalorie	4,2 Joules		
2 Kalorien	8,4 Joules	200 Kalorien	840 Joules
3 Kalorien	12,6 Joules	300 Kalorien	1 260 Joules
4 Kalorien	16,8 Joules	400 Kalorien	1 680 Joules
5 Kalorien	21,0 Joules	500 Kalorien	2 100 Joules
6 Kalorien	25,2 Joules	600 Kalorien	2 520 Joules
7 Kalorien	29,4 Joules	700 Kalorien	2 940 Joules
8 Kalorien	33,6 Joules	800 Kalorien	3 360 Joules
9 Kalorien	37,8 Joules	900 Kalorien	3 780 Joules
10 Kalorien	42,0 Joules	1 000 Kalorien	4 200 Joules
20 Kalorien	84,0 Joules	2 000 Kalorien	8 400 Joules
30 Kalorien	126,0 Joules	3 000 Kalorien	12 600 Joules
40 Kalorien	168,0 Joules	4 000 Kalorien	16 800 Joules
50 Kalorien	210,0 Joules	5 000 Kalorien	21 000 Joules
60 Kalorien	252,0 Joules	6 000 Kalorien	25 200 Joules
70 Kalorien	294,0 Joules	7 000 Kalorien	29 400 Joules
80 Kalorien	336,0 Joules	8 000 Kalorien	33 600 Joules
90 Kalorien	378,0 Joules	9 000 Kalorien	37 800 Joules
100 Kalorien	420,0 Joules	10 000 Kalorien	42 000 Joules

. . . Joules = . . . Kalorien

1 Joule	0,24 Kalorien		
2 Joules	0,48 Kalorien	200 Joules	48 Kalorien
3 Joules	0,72 Kalorien	300 Joules	72 Kalorien
4 Joules	0,96 Kalorien	400 Joules	96 Kalorien
5 Joules	1,20 Kalorien	500 Joules	120 Kalorien
6 Joules	1,44 Kalorien	600 Joules	144 Kalorien
7 Joules	1,70 Kalorien	700 Joules	170 Kalorien
8 Joules	1,94 Kalorien	800 Joules	194 Kalorien
9 Joules	2,18 Kalorien	900 Joules	218 Kalorien
10 Joules	2,40 Kalorien	1 000 Joules	240 Kalorien
20 Joules	4,80 Kalorien	2 000 Joules	480 Kalorien
30 Joules	7,20 Kalorien	3 000 Joules	720 Kalorien
40 Joules	9,60 Kalorien	4 000 Joules	960 Kalorien
50 Joules	12,00 Kalorien	5 000 Joules	1200 Kalorien
60 Joules	14,40 Kalorien	6 000 Joules	1440 Kalorien
70 Joules	17,00 Kalorien	7 000 Joules	1700 Kalorien
80 Joules	19,40 Kalorien	8 000 Joules	1940 Kalorien
90 Joules	21,80 Kalorien	9 000 Joules	2180 Kalorien
100 Joules	24,00 Kalorien	10 000 Joules	2400 Kalorien

Basketball

2. Teil

Wie ernähren sich unsere Spitzensportler?

von Walter Schudel, eidg. dipl. Küchenchef
ehemaliger Delegationskoch der
Schweizer Nationalmannschaft für die Olympischen Spiele

A. Die Verpflegung zu Hause

Wie ernähren sich unsere Spitzensportler zu Hause?

Diese Frage richtet sich an die Mütter und Ehefrauen unserer Athleten. Die Antworten werden verschieden sein, aber etwas haben sie gemeinsam: Man bemüht sich um das beste und mit grösster Sorgfalt zubereitete Essen.
Damit dieses Ziel auch erreicht wird, geben die folgenden Beiträge den verantwortlichen «Köchinnen» unserer Athleten wertvolle Hinweise und Richtlinien für eine zweckmässige Verpflegung.

Das Frühstück

Das Frühstück nimmt in unserer Ernährungsweise leider einen zu bescheidenen Platz ein; könnte mit dieser Mahlzeit am Morgen doch bereits ein grosser Teil des Eiweissbedarfes abgedeckt werden. Hochwertige Eiweisse finden wir u. a. in Milch, Käse, Joghurt, Quark und Ei; diese Eiweissquellen sind preiswerter als Fleisch.
Da die Kostgewohnheiten eines Menschen nicht von einem Tag auf den anderen umgestellt werden sollten, muss der Athlet seine Ernährungsweise langsam ändern und u. a. dem Frühstück die notwendige Beachtung schenken. Hier ein Vorschlag:

1 dl	Orangensaft	ca. 50 Kalorien
2½—3 dl	Milch	180 Kalorien
80 g	Ruchbrot/ Roggenbrot	200 Kalorien
20 g	Butter	150 Kalorien
20 g	Vollfettkäse	80 Kalorien
20 g	Honig	60 Kalorien
1	weiches Ei	80 Kalorien
		ca. 800 Kalorien

Zwischenmahlzeiten

Die Bedeutung der Zwischenmahlzeiten in unserer Ernährung

Nach einer Nahrungsaufnahme steigen die Blutzuckerwerte stark an. Damit verbunden sind Sättigungsgefühl, Wohlbefinden und eine Steigerung der Leistungsfähigkeit. Zwei bis drei Stunden später sinkt der Blutzucker wieder ab. Er ist für Stoffwechselvorgänge oder für die geleistete Arbeit verbraucht worden. Überschüsse werden in *Fettdepots* umgewandelt. Es tritt nun ein Hungergefühl auf, verbunden mit Ermüdungen sowie einem Absinken von Konzentrations- und Leistungsfähigkeit. Je grösser die aufgenommene Nahrungsmenge war, desto stärker ist der Blutzuckeranstieg und desto steiler und tiefer ist auch das nachfolgende Absinken, desto grösser ist ebenfalls die Umwandlung in Fett und die damit verbundene Gewichtszunahme.

Es eignen sich u.a. die folgenden Nahrungsmittel:
Getränke:
Fruchtsäfte, Tee, Milchgetränke, fettarme Bouillon (Consommé).
Brote:
Vollkornbrot, Knäckebrot, Zwieback usw. mit Butter.
Belage:
Bündnerfleisch, Schinken, Kalbfleischwurst, magerer Aufschnitt, Käse, kalter Braten, Eier, Tomatenscheiben.
Früchte:
Äpfel, Bananen, Orangen, Nüsse — je nach Saison.
Verschiedenes:
Biscuits, Schokolade, Trockenfrüchte, Joghurt.

Jede Nahrungsaufnahme — also auch eine Zwischenverpflegung — sollte in ruhiger entspannter Verfassung erfolgen und nicht mit Arbeiten unterbrochen oder sonstwie gestört werden.

Mittagessen

Die Hauptmahlzeit kann unter Umständen (je nach Mittags- oder Nachmittagstraining) auch auf den Abend verschoben werden. Im Rahmen unserer Kostgewohnheiten dient die Mittagsverpflegung im allgemeinen zur Hauptaufnahme von Kohlenhydraten und Eiweiss.
Auch in einer neuzeitlichen Ernährung ist die Suppe gerechtfertigt und besonders dem Sportler zu empfehlen. Bei sportlichen Leistungen ist der Wasserhaushalt im Körper von grosser Bedeutung; auch muss der Kochsalzverlust infolge starken Schwitzens durch bestimmte Nahrungsmittel wieder gedeckt werden.

Hier nun ein paar Menüvorschläge für Mittagessen:

Suppe	2—3 dl
Fleisch (Rohgewicht)	150—180 g
Kartoffeln oder Reis oder Teigwaren	200—250 g
Gemüse	nach
Salat	freiem
Früchte oder Süss-Speisen mit Früchten	Ermessen

Gemüsesuppe
Piccata
Risotto mit Käse
gemischter Salat
Quarkbecher
mit Himbeeren

Erbsensuppe
Schinkentranchen
mit Ananas
Bratkartoffeln
Stangensellerie
frische Früchte

*

Geflügelcreme-Suppe
Hackbraten
Kartoffelstock
gedämpfte Karotten
Salat
Birnen mit Schokoladensauce

*

Bouillon mit Ei
Salat-Teller
Geschnetzeltes
Nudeln
Erbsli und Karotten
Kompott

*

Lauchsuppe	Haferkernsuppe
Schweinsbraten	Poulet, gebraten
Spätzli	Kartoffelwürfeli
gedämpfter Fenchel	Kopfsalat mit Peperoni
Apfelstückli	Vanillecreme mit Beeren
*	*
Gerstensuppe	Spargelsuppe
Huftschnitzel m. Kräuterbutter	Leberschnitten
Kartoffelküchlein	Trockenreis
Sellerie-, Karotten- und Maiskörnersalat	gedämpfte Tomaten und Peperoni
Biscuitschnitten mit Früchten	Ananas

Für die Trainingsnahrung ist es durchaus nicht notwendig, nur die teuren Spezialfleischstücke wie Filet, Kalbssteak, Roastbeef usw. zu verwenden. Allerdings sollten Fleischprodukte wie Brät- und Wurstwaren höchstens einmal pro Woche als Hauptmahlzeit aufgetischt werden. Der biologische Wert von Muskelfleisch gegenüber Wurstwaren ist höher, weil den Wurstwaren zusätzlich Wasser und Fett zugesetzt werden.
Vitaminmängel reduzieren die Leistungsfähigkeit! Da nun bei sportlichen Anstrengungen der Bedarf an Vitaminen und Mineralstoffen erhöht ist, erweist sich auch die Forderung nach vitaminreicher Nahrung als begründet. Nun werden aber durch das Kochen bekanntlich gewisse Vitamine — vor allem das Vitamin C — zerstört. Aus diesem Grunde gehört zu jeder Hauptmahlzeit eine Rohkostspeise, wie z. B. Salat, Obst, Früchte, Beeren, Fruchtsaft usw.

Nachtessen

Zufolge Auswärtsverpflegung eines Teils der Familie am Mittag wird die Hauptmahlzeit am Familientisch vielfach auf den Abend verlegt; in allen diesen Fällen ist denn auch die notwendige *warme* Verpflegung gesichert. Demgegenüber steht die Schnellverpflegung aus dem Kühlschrank (Aufschnitt, Wurst, Käse usw., was gerade vorhanden ist) oder das auf die Dauer einseitige Café complet. Beide Möglichkeiten sind also nur in *beschränktem Ausmasse* anzuwenden und über längere Zeit hinweg nicht zu empfehlen.

Hier ein paar Vorschläge für das Abendessen:
- Geschwellte Kartoffeln mit Käse, Butter und Quark
- Omelette mit Schinken oder Kräutern und ein Salatteller
- Spaghetti an Tomatensauce mit Käse, dazu ein Salatteller
- Käsekuchen, Früchtekuchen (Wähen), Milchkaffee
- Kartoffelauflauf mit Speck, dazu eine Schüssel Salat
- Fleischsalat mit geschwellten Kartoffeln und Tomaten
- Kaltes Siedfleisch mit verschiedenen Salaten
- Gratinierte Nudeln mit Schinken, dazu ein Randensalat
- vorab ein Birchermüesli, nachher eine Gulaschsuppe usw.

Sowohl im Training als auch in weit stärkerem Masse vor bzw. während eines Wettkampfes gilt nicht nur die Forderung, dass die einzelnen Speisen spezifisch ausgesucht und aufeinander abgestimmt werden müssen; es sollen den Athleten vor allem auch keine sogenannten «toten» Kalorien, sondern vorab solche zugeführt werden, die für Aufbau und Leistung von Nutzen sind. Gleichzeitig ist auch darauf zu achten, dass keine schwerverdaulichen, blähenden Speisen, keine kalten Getränke usw. den Athleten zusätzlich belasten oder ihn gar in seinen Kräften reduzieren. (Wir verweisen in diesem Zusammenhang auf die Tabelle «Was sollte gegessen werden?» sowie auf die Liste «Worauf sollte im allgemeinen verzichtet werden?» im Anhang).

Aufteilung des täglichen Nahrungsmittelbedarfs

Mahlzeit	Joule	%
Frühstück	2 520	25
Zwischenmahlzeit	1 008	10
Mittagessen	3 024	30
Zwischenmahlzeit	1 008	10
Abendessen	2 520	25
	10 080	100%

In jeder Sportart müssen sich Athleten anders verpflegen!

Der einen Ausdauersport betreibende Athlet — z. B. ein Marathonläufer, muss sich sowohl während seines Trainings als auch im Wettkampf anders verpflegen als sein einen ausgesprochenen Kraftsport ausübender Kollege. Kommt es beim Gewichtsheber beispielsweise vor allem auf die Zufuhr möglichst vieler Kalorien an, so bei Kunstturnerinnen oder Schwimmerinnen — durchwegs noch jungen Mädchen — im Gegenteil auf eine Drosselung der Kalorienzufuhr bei dennoch ausgewogener, ausreichender Ernährung. Beispiel Frühstück:

Kleines Frühstück		***Eiweiss***	***Kalorien***
1 dl	Orangensaft	0,6	49
1 1/2 dl	Milch (Milchkaffee)	4,7	96
80 g	Brot (Grahambrot)	6,7	200
10 g	Butter	0,06	75
15 g	Konfitüre	0,9	40
20 g	Emmentalerkäse	5,4	80
	Total	18,36	540

Reichhaltiges Frühstück		***Eiweiss***	***Kalorien***
2 dl	Orangensaft	1,2	98
1,5 dl	Milch	4,7	96
1,5 dl	Ovomaltine (18 g)		175
100 g	Brot (Grahambrot)	8,4	250
20 g	Butter	0,12	150
15 g	Konfitüre	0,9	40
30 g	Emmentalerkäse	8,1	120
1	Ei	12,8	162
	Total	36,22	1091

Bei der Aufstellung eines Tagesplanes ist nicht nur die notwendige Energie (Kalorie bzw. Joule), sondern auch die Auswahl der Nahrungsmittel zu berücksichtigen.
Bei den folgenden Tagesplänen mit gleichem Energiegehalt, aber ungleichem Nährwert ist eine gesunde, bzw. falsche Ernährung offensichtlich. Bei einer Verpflegung gemäss

Tabelle 2 über längere Zeit werden bestimmt Mangelerscheinungen und Ernährungsstörungen auftreten.

Tabelle 1 ***Beispiel eines Tagesplanes***

		Joule	Fett (g)
Frühstück			
100 g	Orangensaft		
3 dl	Milchkaffee (1,5 dl Milch)		
10 g	Butter		
80 g	Ruchbrot		
30 g	Konfitüre		
30 g	Käse halbfett	2 310	18
Zwischenmahlzeit			
1	Apfel 125 g		
60 g	Walnüsse/Dörrfrüchte	1 260	16
Mittagessen			
150 g	Fleischbrühe mit Reis (10 g)		
120 g	Schweinskotelette		
200 g	Blumenkohl mit 5 g Butter		
250 g	Kartoffeln mit Petersilie		
100 g	Birnen		
40 g	Ruchbrot		
3 dl	Süssmost	4 620	49
Zwischenverpflegung			
150 g	Orange		
50 g	Vollkornbiskuit		
15 g	Schokolade (1 Reihe)	1 470	17
Nachtessen			
25 g	Trockensuppe (1 Teller Suppe)		
100 g	Bündnerfleisch		
10 g	Butter		
550 g	Knäckebrot		
100 g	Tomaten (frisch)		
300 g	Fruchtsalat mit Zucker		
2 dl	Tee mit Zitrone/Zucker	3 360	10
Abends			
2 dl	Cassissaft	420	
	Total	13 440 (3200 Kal)	110

Tabelle 2 **Beispiel eines Tagesplanes**

		Joule	Fett (g)
Frühstück			
2	Spiegeleier mit 30 g Schinken, 5 g Butter		
3 dl	Kaffee mit Kaffeerahm (30 g)		
100 g	Weissbrot	2 520	25
Zwischenmahlzeit			
1	Cervelat		
1	«Bürli»	1 680	28
Mittagessen			
200 g	Kartoffeln (Pommes frites)		
20 g	Fettstoff		
100 g	Bratwurst		
3 dl	Bier		
200 g	Schwarzwäldertorte, Kaffee mit Kaffeerahm	5 040	66
Nachtessen			
100 g	Fleischkäse		
80 g	Spaghetti mit Sauce		
3 dl	Bier	2 940	25
Abends			
60 g	Schokolade	1 260	16
	Total	13 440 (3200 Kal)	160

Wir erinnern daran, dass inskünftig nicht mehr mit Kalorien, sondern neu mit Joules gerechnet wird:
1 Kalorie = 4,184 Joules
Umrechnungsfaktor demnach: 4,18!
(siehe Tabelle S. 77)

B. Die Verpflegung an Weltmeisterschaften und Olympiaden

Für die letzten Vorbereitungen und die Akklimatisation werden die Sportler in der Regel einige Tage vor dem Beginn der Wettkämpfe an den Austragungsort reisen. Diese Zeit vor dem Wettkampf ist in der Ernährung für den Spitzensportler die wichtigste Phase! Die Nahrung vor dem Wettkampf ist eine Auffüllung der Reserven; gleichzeitig muss auf verschiedene Lebensmittel und Lebensgewohnheiten verzichtet werden. Da ja die Frauen und Mütter der Athleten ihre Schützlinge nicht begleiten, um sie im wichtigen Moment verpflegen zu können, übernimmt ein Fachmann diese verantwortungsvolle Aufgabe.
Je nach Grösse und Zusammensetzung der Mannschaft kann diese Aufgabe von einem Koch, oder von einem Mannschaftsbetreuer als Ernährungsberater übernommen werden.
Ein möglichst frühzeitiger Kontakt mit den Athleten kann die Trainingsnahrung der Wettkämpfer — die ja als eigentliche Vorbereitungs- und Aufbaunahrung gedacht ist — beeinflussen.

Menüplan nach Schweizer Art

Eine weitere wichtige Vorbereitungsarbeit ist das Aufstellen eines Menüplanes, welcher unseren Bedürfnissen entspricht.
Vom organisierenden Land werden jeweils frühzeitig die Menüpläne verschickt. Die reichhaltige Auswahl von verschiedenen Speisen entspricht nur zum Teil unseren ernährungsphysiologischen Anforderungen und Kostgewohnheiten. Bekanntlich sollten Athleten in der Vorbereitungs- und Wettkampfphase keine fremdländischen, für sie ungewohnten Speisen essen.

Der «Olympia-Menüplan» wird also unseren Kostgewohnheiten angepasst, d. h. die für diesen Zweck nicht geeigneten Speisen werden durch herkömmliche Gerichte ersetzt. Die dazu benötigten Lebensmittel werden grösstenteils von Schweizer Firmen gratis zur Verfügung gestellt. Je nach Nation, Jahreszeit und örtlichen Verhältnissen werden folgende *Produktgruppen* mitgenommen:
Suppen, Bouillon- und Saucenprodukte, Streuwürze, Essig, Senf, Öl, Margarine, Konfitüre, Honig, Knäckebrot, Zwieback, Frühstücks-Nährgetränke, Kaffee, Tee, Traubenzucker, Bündnerfleisch, Fleischkonserven, Käse, Trockenfrüchte, Schokolade. Allenfalls auch Teigwaren, Milchpulver, Getränke in Dosen.

Organisation der Verpflegung

Der Delegationskoch orientiert sich rechtzeitig über den Verpflegungsort für seine Mannschaft, die Verpflegungsart (heute praktisch ausnahmslos ein grosses Buffet mit Selbstbedienung), die Verpflegungszeiten sowie auch über die Möglichkeit, für einzelne Athleten vor oder nach ihrem Wettkampf selber etwas zubereiten zu können. Er besorgt sich auch einen Menüplan (Liste der angebotenen Gerichte) und streicht die schwer verdaulichen, fetten oder blähenden Speisen heraus; je nach Gutdünken ersetzt er auch das eine oder andere Gericht. Die angebotenen Beilagen, welche erfahrungsgemäss eher einseitig sind, bereichert er mit Teigwaren, Kartoffelgerichten oder Risotto, Polenta usw.
Wo sich Mannschaften einzelner Disziplinen weit entfernt vom Zentrallager aufhalten — was sowohl bei den Sommerals auch Winterolympiaden praktisch stets der Fall ist — sind auch dezentralisierte Verpflegungsstellen, sogenannte Satellitenlager, einzurichten.
Ein beliebter Treffpunkt am Abend ist das Lebensmittellager. Unbeschwert auf Kisten und Schachteln bei einem Orangensaft und Bündnerfleisch-Brötli entspannen sich die Sportler hier nach anstrengenden und aufregenden Wettkampftagen.

Zusammenstellen, Ändern, Ergänzen der offiziellen Menüs

Frühstück

Das Angebot des Frühstücksbuffets ist für Schweizer Verhältnisse in der Regel zu reichhaltig und ungewohnt. Der Küchenchef* sollte deshalb das Beladen der Selbstbedienungs-Plateaus überwachen und in empfehlendem, d. h. beratendem Sinne beeinflussen. Auf Fische und Krustentiere sowie fettes Fleisch sollte unbedingt verzichtet werden. Auch fremdartige Früchte — besonders, wenn diese aus dem Kühlschrank kommen und sogar auf Eiswürfeln serviert werden — sollten nicht eingenommen werden.
Die beliebten warmen Toasts (schwammiges Weissbrot = wertlose oder sogenannte «tote» Kalorien) werden vorteilhaft durch Schwarzbrot, Knäcke-, Vollkornbrot usw. ersetzt. Dieser Verzicht fällt jeweils dem einen oder anderen Athleten schwer und es bedarf daher einer Aufklärung, dass diese Toasts nur Füllstoffe sind.
Der Küchenchef* sorgt auch für frische Milch und die verschiedenen Zutaten wie Ovomaltine, Pront-Ovo usw. Am vorteilhaftesten für ihn wäre ein Plätzchen am Schluss der Selbstbedienungslinie, wo er «sein» Buffet mit diversen Konfitüren, Honig, Zwieback usw. aufbauen könnte.
Die Getränke wie Tee usw. sind mit Traubenzucker und Honig zu süssen; der Fabrikzucker ist nach Möglichkeit zu reduzieren oder ganz wegzulassen.

Hauptmahlzeiten

Selbstverständlich soll nach einer richtig durchgeführten Vorbereitungsphase (Aufbau und Speicherung) am Wettkampftag selber vom Athleten nur sehr wenig und in zuvor genau abgesprochenen Zeitabständen gegessen werden;

* bzw. die für die Verpflegung verantwortliche Person.

Anmut der Eiskunstläuferin

die Ausführungen von Dr. Biener geben darüber ja in allen Einzelheiten Auskunft.
Nach einer gewissen Ermüdung der von den Organisatoren bereitgestellten Menüs können zur Abwechslung auch einmal heimische Gerichte eingebaut werden, so z. B. Spaghetti Bolognese, Nudeln mit Schinken, mageres Siedfleisch mit Gemüse, ein Rindfleisch-, Käse-, Wurstsalat usw. und — natürlich — das Birchermüesli. Wie sich z. B. unsere Athleten seinerzeit in Mexico ernährten, mag im folgenden kurz beschrieben werden:
«Unsere Schweizer Delegation ass zusammen mit den Engländern, Australiern und Amerikanern in einem der sechs vorhandenen Restaurants. Die Menüs in diesem Speisesaal waren denn auch vorwiegend für diese Leute zusammengestellt: Es gab Steak, Steak und nochmals Steak, Roastbeef auch und Poulet, Truthahn und Fisch. Nach fünf Tagen begann dann die ganze Menüserie wieder von vorn. Unsere Schweizer Sportler sehnten sich bald einmal nach Abwechslung, nach Menüs und Gerichten, wie sie zu Hause von der Mutter oder Frau zubereitet werden. Selbst das für uns zu reichhaltige Frühstück mit Steaks, Schinken, Eierspeisen, Haferbrei usw. konnte unsere Leute nur während den ersten 2—3 Tagen begeistern.
Aus diesem Grunde änderte ich die Menüs mit den aus der Schweiz mitgebrachten Lebensmitteln nach unserer Geschmacksrichtung. Ein «Schweizer Birchermüesli» wurde denn auch bald einem «Steak Mexicain» vorgezogen.
Als wichtiger Menübestandteil für die Schweizer Mannschaft darf der Salat betrachtet werden. Wenn möglich sollte deshalb immer ein Salat — und zwar mehrheitlich roh — also ein Gemüse- oder Blattsalat aufgetischt werden. Allerdings ist auch hier wieder zu beachten, dass Athleten an ihrem Wettkampftag auf Salat und Blattgemüse besser verzichten.
Welch grosse Bedeutung der Salat bei unseren Sportlern spielt, merkte man in Mexico erst, als uns die Ärzte empfahlen, aus Sicherheitsgründen darauf zu verzichten. Nach zwei Tagen war das Verlangen unserer Leute nach frischem Salat bereits so gross, dass ich ihnen trotzdem wieder Salat auftischte — allerdings erst nach einer speziellen Behandlung mit Jodwasser.»

Für den Delegationskoch ist es auch wichtig, die besonderen Essgewohnheiten und speziellen Lieblingsmenüs seiner Athleten zu kennen, um sie im entscheidenden Moment als «kulinarische Geheimwaffe» vor oder — was bei den Sportlern ebensogut ankommt — als genussreiches Trösterli nach dem Wettkampf einzusetzen! Über das Erfüllen von kulinarischen Spezialwünschen seitens der Athleten wird in einem späteren Beitrag noch ausführlicher die Rede sein.

Getränke

In der Regel stehen den Athleten überall Trinksäulen mit verschiedenen Limonaden- und Süsswässern zur Verfügung. Zumeist sind nun aber diese Getränke für den Sofortgenuss zu kalt; auch werden sie von den Athleten vielfach zu hastig und meist in zu grossen Mengen getrunken. Es ist deshalb wichtig, dass immer genügend *lauwarmer Tee* vorhanden ist: Am Vormittag/Mittag eine Mischung aus Pfefferminz-/Schwarztee, mit Honig gesüsst (zur Belebung); am Nachmittag/Abend dann eine Mischung aus Hagebutten/Lindenblüten (als Beruhigung).
Wichtig: Man soll jeweils viel frischen Zitronensaft — ab und zu auch Orangensaft — hineinpressen und den Tee mit Honig und Traubenzucker süssen. Orangensaft und Grapefruitsaft können natürlich ebenfalls — nicht zu kalt — immer angeboten werden. Milch ist sehr zu empfehlen.

Zusammenstellen der Zwischenverpflegung

Je nach Absprache mit dem Trainer und dem Sportler wird die gewünschte Zwischenverpflegung — basierend auf der jeweiligen Sportart und dem Zeitpunkt der Einnahme dieser Kleinmahlzeit — zusammengestellt und bereitgestellt.
Für derartige Zwischenverpflegungen kommen in Frage: Brot, Knäckebrot mit Bündnerfleisch, Streichkäse, Brotaufstriche, Biscuits, Ovo-Sport, Choc-Ovo, Milch, Schokoladen, Früchte, Trockenfrüchte, Traubenzucker, Tee, Frucht-

säfte, Consommé. Reichhaltigere Zwischenverpflegungen im Sinne eigentlicher Zwischenmahlzeiten können, wie bereits erwähnt, bestellt und dann allenfalls individuell ergänzt, bereichert werden mit Roastbeef, Bündnerfleisch, einem halben Poulet, Früchten usw.
Wo dezentralisierte Verpflegungsstellen eingerichtet werden müssen, ist darauf zu achten, dass daraus jederzeit auch ausreichende Zwischenverpflegungen zusammengestellt werden können, nützen diese doch nur dann etwas, wenn sie im Moment ihres Bedarfes auch sofort abgegeben werden.

Der Verpflegungsort

Die Ambiance am Esstisch und die Verfassung des Sportlers während des Essens spielen eine nicht zu unterschätzende Rolle. Als Delegationskoch an Olympiaden fühlte ich mich deshalb nicht nur für ein gutes, zweckmässiges und ausreichendes Essen verantwortlich; ich sorgte auch für einen stets frisch gelüfteten Ess-Saal, für sauber gedeckte Tische, wenn möglich mit Blumen, und für eine gute, gelockerte Stimmung. Die Sportler sollen sich während des Essens in Ruhe auf die vor ihnen liegende Aufgabe vorbereiten oder aber sich von den Anstrengungen erholen können und unbesorgt, ohne jegliche Störung, das Essen geniessen. U. a. ist auch dafür zu sorgen, dass die Athleten genügend Platz zum Essen haben.
Ein gutes Kauen und langsames Essen sind unbedingt notwendig, um die ohnehin etwas nervösen Verdauungsorgane nicht noch mehr zu überlasten.
Zu diesem Thema gehört auch die Bestätigung des wohl allen bekannten Ausspruches «das Auge isst mit»! Die gut gekochten Speisen sollen daher immer liebevoll, also schön

Bekanntlich bürgt ein voller Teller noch lange nicht für eine richtige, zweckmässige Ernährung; vielmehr sollte dem Körper und seinen Verdauungsorganen jede unnötige Belastung ferngehalten werden!

sauber angerichtet werden. Eine appetitliche Präsentation eines Gerichts regt die Verdauungssäfte an und hilft mit, das gute Essen mit Freuden und Wohlbehagen zu geniessen.

Ein Wort noch zur Spezialverpflegung

Dass es während den Aufenthalten in fernen Ländern keine ernsteren Zwischenfälle von Magenstörungen gibt, hat seinen Grund zu einem guten Teil und nicht zuletzt in der Selbstdisziplin unserer Athleten — auch was die Verpflegung anbelangt!
Wie verhält es sich nun aber mit dem Erfüllen von Spezialwünschen seitens der Athleten?
Eine Athletin z. B. ass am Wettkampftag Salat, was an sich ernährungsphysiologisch nicht richtig ist. Als Delegationskoch machte ich sie dann auch darauf aufmerksam; sie aber bat darum, weil sie den täglichen Salat einfach brauche, und so schadete ihr denn dieses «Vergehen» absolut nichts. Es ist dies ein Beweis dafür, dass gewisse Essgewohnheiten selbst im entscheidenden Moment besser beibehalten, die Menüs also für jeden Athleten individuell zusammengestellt werden sollten.
Ein anderes Beispiel: Eine Gruppe von Leichtathleten war es von der Schweiz her gewohnt, jeweils vor dem Lauf ein Poulet zu verzehren. Es wäre also — nicht ernährungsphysiologisch, wohl aber psychologisch betrachtet — falsch gewesen, ihnen diesen Menüwunsch im kritischen Moment nicht zu erfüllen (allerdings nicht mit Pommes frites, sondern mit Trockenreis und gedämpften Karotten). Im allgemeinen aber wurde von den meisten Athleten am Wettkampftag selber lediglich ein grilliertes Rindsfilet mit Trockenreis verlangt.

Diese kurzgefasste Schilderung über die Ernährung und kulinarische Betreuung von Spitzensportlern, und hier vorab an Olympischen Spielen, zeigt Erkenntnisse und Gegebenheiten, die — in bescheidenerem Rahmen und Ausmass — auch für den Breiten- und Leistungssportler gelten dürfen; Parallelen, die als Bestätigung all dessen angesehen werden können, was schon im kleinsten sportlichen Team als richtig und zweckmässig betrachtet wird, wenn es um die Fragen der praktischen Sporternährung geht.

Beispiele Olympischer Endkampfmenüs

von Prof. Dr. Kurt Biener

Aufschlussreich sind in diesem Zusammenhang einige praktische Beispiele einer Wettkampfernährung. Anlässlich der Olympischen Spiele in München wurden die folgenden Menüs vom Organisationskomitee für die Verpflegung der Sportler zusammengestellt.

Sprint-Snack: Gegrilltes Hacksteak mit Champignons auf Toast, Chicorée-Salat, Dickmilch mit Erdbeeren. Kalorien: 560/Eiweiss: 36 g/Fett: 16 g/KH: 66 g.

Weitsprung-Snack: Olympia-Flip (Milchmixgetränk), 2 verlorene Eier in Kräutersauce, Tomatenreis. Kalorien: 640/Eiweiss: 22 g/Fett: 30 g/KH: 68 g.

Segler-Snack: Truthahnrolle, Petersilienkartoffeln, Broccoli garniert, Quarkspeise mit Früchten. Kalorien: 150/Eiweiss: 36 g/Fett: 17 g/KH: 50 g.

Endkampfmenü Fünfkampf (Querfeldeinlauf): Obstsaft, gebratener Speck mit 2 Eiern, Truthahn gebraten, Blattspinat, feine Erbsen und Karotten, Pommes frites, Salate, Obstsalat. Kalorien: 2164/Eiweiss: 60 g/Fett: 162 g/KH: 100 g.

Endkampfmenü Fechten: Milchsuppe mit Haferflocken, Roastbeefröllchen, Fischfilet in Dillsauce, Petersilienkartoffeln, Salate, Quarkspeise mit Früchten. Kalorien: 1458/Eiweiss: 85 g/Fett: 68 g/KH: 115 g.

Endkampfmenü Reiten: Salami und Tomaten, Kalbsfrikassee, feine Erbsen mit Spargel, Petersilienkartoffeln, Salate, Vanillepudding. Kalorien: 1249/Eiweiss: 54 g/Fett: 77 g/KH: 75 g.

Diese Nährstoff- und Kalorienzahlen zeigen, dass die Endkampfmenüs für maximale Belastungen in den betreffenden Sportarten ausgerechnet worden sind.

Langlauf

3. Teil

So verpflegen wir unsere Sporttreibenden

von Heidi und Gerold Albonico, Kochberater

War in den vorangegangenen Beiträgen vor allem davon die Rede, wann ein Sportler sich wie zu ernähren hat, was er im gegebenen Moment zu sich nehmen soll oder welche Speisen er besser meidet, soll hier von der *Zubereitung* solcher Sportlergerichte und -mahlzeiten gesprochen werden. Mit anderen Worten: die folgenden 40 Seiten bilden ein kleines Kochbuch, für all jene bestimmt, die als Aktivsportler (damit ist natürlich auch die Sportlerin gemeint) sich selber oder die vielen, die einen regelmässig Sporttreibenden zu verköstigen haben. Ihnen allen soll gezeigt werden, wie gross und mannigfaltig die Möglichkeiten sind, Sporttreibende sportgerecht zu verpflegen, wie man diese Leckerbissen zubereitet. Und wenn wir die vorangegangenen Beiträge, gerade auch als Nichtsportler, aufmerksam gelesen haben, wird uns in bezug auf die Sportlerernährung mancherlei klar, u. a. auch die sich aus dem Training ergebenden unregelmässigen Essenszeiten und -gewohnheiten. Wer also immer für sich oder einen Aktivsportler kocht und dies in Übereinstimmung mit dessen Sportart und Training tut, hat seinerseits ebenfalls eine Medaille oder den Lorbeer verdient!

*

Erfahrungen bei der kulinarischen Betreuung von Sportlern

Sportler verpflegen sich oft zu (für den Rest der Familie) ungewohnten Zeiten, je nach Training bzw. Wettkampfvorbereitung. Wir müssen dies akzeptieren und uns entsprechend einrichten.
Vor dem Training nimmt der Sporttreibende vermutlich nur wenig zu sich, um sich dann dafür nachher mit um so grösserem Appetit hinter das Nachtessen (dies im wahrsten Sinne des Wortes!) zu machen.
Diese Mahlzeit nach dem Training bestehe nun nicht aus übriggebliebenen Resten des gemeinsamen Familienznachts in Pfannen, Schüsseln und auf Platten sowie aus zusammengefallenem, welkem Salat in einer abgestandenen Sauce.
Wenn schon Reste übrigbleiben oder gar zum voraus eingeplant wurden, arrangiere man sie in ein kleines Pfännchen, nehme dafür ein neues Schüsselchen, ein frisches Plättchen. Diese Reste garniere man allenfalls noch mit ein paar Tomatenschnitzen, mit frischgehackter Petersilie, mit einigen Spargeln aus dem Döschen oder mit Eivierteln, um sie auf diese Weise optisch aufzuwerten und gluschtig zu machen.
Den Salat rüsten wir, waschen ihn und stellen ihn in einem Plastiksack neben die Salatschüssel, in der wir bereits eine frische Salatsauce angemacht haben. So kann unser Sportler seinen Salat ohne Mühe selber zubereiten.
Alles, was für seine Mahlzeit aus dem Kühlschrank kommt, nehmen wir rechtzeitig, also mindestens eine Stunde vorher, heraus, damit es dann nicht zu kalt und ohne jegliches Aroma ist (Käse!). Das gilt für die Getränke (Milch) so gut wie für Tomaten, Früchte, eine Wurst usw.
Nie etwas mit Mayonnaise Angemachtes oder gar Verziertes längere Zeit aufbewahren; die betreffende Speise oder das Brötchen verlieren bald an Frische und appetitlichem Aussehen!

Die für unseren Sportler bestimmten Speisen decken wir in jedem Falle gut mit Alu- oder Plastikfolie ab (dies ist besonders im Sommer wichtig!) — und halten sie an der Kühle.
Reis, Teigwaren, Kartoffeln für eine Rösti usw. können wir vorkochen, damit der hungrig heimkehrende Sporttreibende das Vorbereitete nur noch in der Pfanne mit etwas Butter heissmachen muss.
Wenn er sich aus der Dose (Ravioli!) verpflegt, kaltes Restenfleisch oder eine Wurst auf ihn warten, sorgen wir dafür, dass die Vitaminzufuhr nicht zu kurz kommt (rohe Gemüse, Salate, Früchte; Milch, Fruchtsäfte usw.).
Allein essen ist langweilig und macht wenig Spass! Wann immer es sich also einrichten lässt, setzen wir uns zu ihm, lassen ihn von seinem Training berichten, erweisen uns dabei als geduldige Zuhörer und tragen so auch zu seiner seelischen Entspannung bei.
In Trainingslagern — und Jugendlagern überhaupt — zeigt sich immer wieder, dass unsere Jungen an süssen Abendmahlzeiten so richtig den Plausch haben: Birchermüesli auf reiche Art, Fotzelschnitten, Öpfelchüechli, Vogelheu, Götterspeise, Griesspudding usw.
Je nach Wetter halten wir kühlen, lauwarmen oder heissen Tee bereit; z. B. $^{2}/_{3}$ Lindenblütentee und $^{1}/_{3}$ Pfefferminztee mit reichlich Zitronensaft oder, zur Abwechslung, auch einmal Orangensaft, gemischt. Süssen nach Belieben mit Honig, Traubenzucker oder gewöhnlichem Zucker.
Werden die Mahlzeiten nicht zur gleichen Zeit eingenommen, soll die für den später Essenden bestimmte Portion direkt nach der Zubereitung kühl gestellt und dann erst bei Gebrauch wieder heissgemacht werden.
Ein stundenlanges Warmhalten vermindert die Qualität der Speise, sowohl in bezug auf ihren Gehalt wie auch auf das Aussehen.
Müssen wir unserem Sportler für seinen Wettkampf eine Verpflegung mitgeben, achten wir nicht zuletzt darauf, dass Speisen und Getränke gut und zweckmässig verpackt sind. Eine Sporttasche hat manches auszuhalten und nur allzu rasch sind die mitgegebenen Früchte zu einem unansehnlichen Mus zerdrückt, die Schinkenbrote zerquetscht oder ist eine Glasflasche mit Orangensaft in Brüche gegangen! Plastikdosen und -flaschen sind hier eine grosse Hilfe.

Fleisch, Fisch und Geflügel in der Küche des Sportlers

Als wertvolle Eiweisslieferanten spielen diese drei eine wichtige Rolle im Menüplan eines Sportlers. Es darf dabei gleich am Anfang festgehalten werden, dass nicht nur teure Steaks (das sogenannte «Sportler-Steak») erwünscht und am Platze sind, sondern auch jedes andere nicht zu fette Fleisch wie Geschnetzeltes, mageres Hackfleisch, Plätzli, ja selbst Siedfleisch usw. verwendet werden kann.

Zwei Zubereitungsarten von Fleisch sind — da sie wenig Fett benötigen, das Fleisch dabei schmackhaft und sehr bekömmlich wird — in der Küche des Sportlers besonders zu empfehlen: Das Grillieren und das Zubereiten in der Alufolie.

Das Grillieren von Fleisch

Zum Grillieren besonders geeignet sind:
Rinds-, Kalbs- und Schweinsplätzchen, Entrecôtes, Huft- und Filetsteaks, Kalbs-, Schweins- und Lammkoteletts, Leberschnitten (Rindsleber ist besonders reich an Vitaminen und wertvollen Mineralstoffen!), dann auch Fischfilets, Fisch-Sticks, Geflügelteile, Hackbeefsteaks usw.

Hier nun einige Punkte, die es beim Grillieren zu beachten gilt:

— Nur mit einem ganz sauberen Grill arbeiten! Verkohlte Rückstände geben dem Grillgut einen unangenehmen Geschmack.

— Stets das Grillgut, nie aber den Grill einölen! Noch besser allerdings wird das Fleisch, wenn es vor dem Zubereiten für einige Stunden in einer Marinade eingelegt wurde (siehe die später folgenden Rezepte).

— Nicht mariniertes Fleisch — und das gilt vor allem für eher kleine Stücke (Portionenstücke) — wird mit Vorteil erst nach dem Grillieren gewürzt!

— Dünne Stücke können bei starker Hitze unter einmaligem Wenden grilliert werden; dickere müssen auf beiden

Seiten bei starker Hitze angebraten, nachher bei reduzierter Wärme noch fertig grilliert werden. Sehr dicke Fleischstücke werden vorteilhafterweise zum Fertigbraten mit der Grillhaube zugedeckt.

— Pikante Kräuter- oder Gewürzbutter (Rezepte dafür folgen) machen das Fleisch sehr aromatisch! Gleichzeitig kann so aber auch die Fettaufnahme besser unter Kontrolle gehalten werden.

— Zusammen mit dem Fleisch können gut auch noch halbierte Tomaten, Auberginen- oder Zucchettischeiben, in Stücke geschnittene Maiskolben oder gekochte, halbierte Kartoffeln grilliert werden.

Hier nun ein paar Vorschläge für würzige ***Marinaden:***

Für Kalbfleisch
4 Essl. Öl, 1 Essl. Zitronensaft, je 1 Messerspitze Streuwürze und Paprika, je 1 Prise Pfeffer und Thymian.

Für Schaf- und Schweinefleisch
4 Essl. Öl, 1 Essl. Zitronensaft, 1 Teel. Senf, 1 Teel. Streuwürze, 1 ausgepresste Knoblauchzehe, je 1 Essl. gehackte Petersilie und Zwiebel, etwas Pfeffer aus der Mühle.

Für Geflügel
2 Essl. Öl und Zitronensaft, 1 Essl. Tomatenketchup, 1 Teel. Senf, 1 Teel. Streuwürze, je 1 Prise Pfeffer und Paprika.

Für Rindfleisch
4 Essl. Öl, 1 Essl. Zitronensaft, 1 Teel. Chilipulver, 1 Knoblauchzehe, ausgepresst, je 1 Prise Majoran und Pfeffer oder 4 Essl. Öl, 2 Essl. Essig, 1 Teel. Streuwürze, je 1 Prise Majoran, Thymian und Pfeffer.

Und hier ein paar Anregungen für ***Buttermischungen:***

Kräuterbutter Maison
Unter 50 g weichgerührte Butter je 1 Essl. feingehackte Petersilie und Schnittlauch, 1/2 Teel. Streuwürze und 2—3 Tropfen Zitronensaft mischen.

Tomatenbutter
Unter 50 g weiche Butter 1/2 Essl. Tomatenpüree und 1/2 Teel. Tomatenketchup mischen und mit einer Spur Salz sowie Pfeffer aus der Mühle pikant abschmecken.

Mandel- oder Haselnussbutter
Eine Handvoll geschälte Mandeln oder Haselnüsse im Ofen rösten (bei den Haselnüssen lassen sich jetzt die feinen Häutchen leicht entfernen). Mahlen oder grob hacken und unter ca. 50 g weiche Butter mischen, dann mit Streuwürze noch pikant abschmecken.

Beurre maltais
Unter 50 g weiche Butter 2—3 Essl. Orangensaft und die abgeriebene Schale einer halben Orange mischen. Mit je einer Spur feinem Salz und Pfeffer aus der Mühle würzen.

Das Zubereiten von Fleisch in der Alufolie

Ein guter und praktischer Helfer in der Küche des Sportlers ist die Alufolie: Fleisch und allenfalls weitere Beigaben werden in ein Stück leicht geölte Folie gepackt, in den Ofen geschoben und können dort nun ganz sich selbst überlassen bleiben! Das Bratgut wird auf diese Weise sehr schmackhaft; der dabei ausgetretene Saft kann als Sauce gereicht werden.

Neben Fleisch aller Art eignen sich für diese unkonventionelle Zubereitungsart auch Fisch, Kartoffeln (siehe dort), Gemüse wie Peperoni, Tomaten, ganze Rüebli usw., dann auch Geflügelteile und allerlei Toasts (z. B. Schinken-Käsetoast). Hier nun aber die Rezepte zu zwei schmackhaften Gerichten:

Doppelportionen-Schmorbraten «Alles in einem»

Zutaten für zwei Personen:
400 g zartes Rindfleisch, 1 Essl. Öl, 4 kleine Kartoffeln, 2 Karotten, Salz, Pfeffer, Majoran, etwas Petersilie.
Das mit Salz, Pfeffer und Majoran eingeriebene Fleisch im heissen Öl rundherum anbraten. Eine Alufolie mit dem Brat-

öl bepinseln. Das Fleisch sowie die geschälten, halbierten Kartoffeln und die in Stäbchen geschnittenen Karotten darauf legen. Kartoffeln und Karotten ebenfalls würzen und mit der gehackten Petersilie überstreuen. Die Folie nun gut schliessen und das Paket für eine gute Stunde in den mittelheissen Ofen schieben — im Inneren sollte es immer leise bruzzeln!
Vorsicht beim Öffnen: Die Folie ist nun sehr heiss (am besten Backhandschuhe tragen)!

Sportler-Fischfilets in der Folie

Zutaten für zwei Personen:
400 g tiefgekühlte Dorschfilets, je 2 Essl. Zitronensaft und Sojasauce, 50 g Butter, etwas Salz und Pfeffer, einige frische Spinatblätter.
Die Butter schmelzen, mit Zitronensaft und Sojasauce mischen und mit Salz sowie Pfeffer würzen. Die etwas angetauten Fischfilets in vier Portionen schneiden, diese in der Buttermischung wenden. Je eine Portion mit einigen Spinatblättern in eine geölte Alufolie packen; den Spinat noch mit einer Prise Salz würzen. Die Päcklein auf ein Blech legen und für ca. 30 Minuten in den mittelheissen Ofen schieben. Auch hier wieder sollte es stets leise bruzzeln.

Geschnetzeltes und Gehacktes — rasch zubereitet und gut!

Beides soll frisch sein und am besten am Tage des Einkaufs zubereitet werden — es sei denn, man habe das Fleisch der Tiefkühltruhe entnommen.

Grundrezept für die Zubereitung:
Das Fleisch im heissen Öl oder Gourmet-Butter (reine eingesottene Butter) anbraten, herausnehmen und warmhalten. Im restlichen Öl oder Gourmet-Butter eine gehackte Zwiebel gut durchdünsten, mit Mehl überstäuben, etwas Fleischbrühe beifügen, mit Rahm und Zitronensaft fertigmachen und pikant abschmecken. Das ebenfalls gewürzte Fleisch dazugeben, nochmals gut erhitzen und sofort auftragen.
Will man mehr Sauce, diese separat zubereiten (aus Beutel, Würfel oder Tube, also Bratensauce, Jägersauce, Curry-

oder Champignonsauce), erst am Schluss mit dem Fleisch vermischen und noch individuell abschmecken.

Anwendungsmöglichkeiten:
Zu Reis oder Teigwaren, als Füllung für Pastetchen oder Omeletten, für gefüllte Gemüse (z. B. Tomaten, Peperoni) oder auch auf Toast angerichtet und zusammen mit viel Salat serviert.

Geschnetzelte Leber

wird ebenfalls nach dem Grundrezept zubereitet. Hier ist es besonders wichtig, dass sie nicht in der Sauce gekocht wird, da sie sonst sofort hart würde! Um ihre Bratzeit möglichst kurz zu halten, sollte die gehackte Zwiebel ein paar Minuten für sich gedünstet werden; dann erst kommt die Leber dazu und wird nun unter Wenden solange gebraten, bis sie nicht mehr roh ist.

Geschnetzeltes Pouletfleisch

ist ausgezeichnet im Geschmack und viel billiger als Kalbfleisch. Nach dem Auftauen soll es sofort zubereitet werden, doch müssen wir es vor dem Anbraten mit Haushaltpapier gut abtrocknen. Mit solchem Pouletfleisch, einer Currysauce, Trockenreis und einigen Dosenfrüchten haben wir in kürzester Zeit ein herrliches Currygericht zubereitet!

Hier noch ein paar einfache, aber delikate Gerichte, die nicht nur der Sportler zu schätzen weiss:

Fischfilets Mimosa

Zutaten für 3—4 Personen:
1 Paket tiefgekühlte Flundernfilets, 1/2 Zitrone, etwas Streuwürze, 2 Essl. Mehl, 2 Essl. Gourmet-Butter, 2 Eier, 1 Büschel Petersilie, 1 Stück Butter.
Die Flundernfilets antauen lassen, mit Zitronensaft und Streuwürze würzen und, aufeinandergeschichtet, einige Zeit liegenlassen. Dann im Mehl wenden und in Gourmet-Butter beidseitig braun braten. — Die Eier hartkochen, in ganz kleine Würfelchen schneiden, zusammen mit der ge-

hackten Petersilie in der Butter rasch etwas anziehen lassen und über die Fischfilets geben.
Salzkartoffeln und viel grünen Salat dazu reichen!

Poulet nach Sportlerart

Zutaten für 2 Personen:
4 tiefgekühlte Pouletschenkel, wenig Salz, je 1 Prise Pfeffer und Majoran, 1 Zwiebel, 1 Knoblauchzehe, 2 Tomaten, 100 g Champignons, etwas Butter, 1 dl Fleischbrühe, etwas frische Petersilie.
Die aufgetauten Pouletschenkel mit Haushaltpapier abtrocknen, in der Butter rundherum goldgelb anbraten. Die gehackte Zwiebel und Knoblauchzehe, die blättrig geschnittenen Champignons und die entkernten, kleingeschnittenen Tomaten hinzufügen und kurz mitdünsten. Mit Salz, Pfeffer und Majoran würzen, die Fleischbrühe dazugiessen und alles ca. 30 Min. kochen. Wenn nötig, noch etwas nachwürzen, mit der gehackten Petersilie überstreuen und mit Nudeln oder Trockenreis servieren. Und natürlich gehört auch hier noch ein Salat dazu!

Beefsteak Tatare

Zutaten für 1 Person:
150—200 g gehacktes Rindfleisch für Tatare (es soll wirklich ganz frisch sein!), 1 Eigelb, je 1 Essl. gehackte Zwiebel und Petersilie, 1 Teel. Kapern, 1—2 Sardellenfilets, beides ebenfalls gehackt, 1 Ess. Öl, 1 Messerspitze Salz, je 1 Prise Pfeffer und Paprika, eventuell Worcestersauce und Ketchup.
Alle Zutaten gut vermischen und nach individuellem Geschmack würzen. Zusammen mit warmem Toast und Butter servieren!

Eier und Eiergerichte — in der Sportlerküche beliebt!

Kaum ein Nahrungsmittel von so hohem Nährwert ist in der Küche des Sporttreibenden vielseitiger verwendbar als das

Ei! Am Morgen, Mittag, Abend und auch zwischendurch lassen sich Eier in ihren verschiedensten Zubereitungsarten in den täglichen Verpflegungsplan einbauen; sie eignen sich für warme und kalte, pikante und süsse Gerichte. Ein weiteres Plus: Eierspeisen sind in der Regel unkompliziert und deshalb auch schnell zubereitet. Ein Sportler braucht also nicht erst ein Hobbykoch zu sein, um sich ein Dreiminuten-Ei zu kochen oder ein paar Spiegeleier zu braten.

Das gekochte Ei

Merke:

— Eier nie direkt aus dem Kühlschrank ins kochende Wasser geben, da sie sonst gerne springen! (Allenfalls in warmem Wasser etwas vorwärmen.)

— Gibt man die Eier ins kalte Wasser und kocht sie dann auf, rechnet man vom Beginn des Kochens an ca. eine Minute weniger als in der nachfolgenden Tabelle angegeben ist.

— Ein Schuss Essig ins Kochwasser verhütet das Auslaufen von gesprungenen Eiern!

— Grosse Eier brauchen ca. eine Minute länger, um beim Kochen die gewünschte Konsistenz zu erhalten.

— Wachsweiche und hartgekochte Eier nach dem Kochen sofort kalt abschrecken; sie lassen sich dann leichter schälen!

— Übrigens: Hartgekochte Eier sind ziemlich schwer verdaulich und sollten deshalb vom Sporttreibenden nicht gerade vor einer grossen Leistung gegessen werden!

Hier ein paar durchschnittliche Kochzeiten für Eier:

Becher-Ei	2 Min.	Eiweiss und Eigelb noch flüssig
	3 Min.	Eiweiss gestockt, Eigelb flüssig
	4 Min.	Eiweiss fest, Eigelb leicht flüssig
wachsweiches Ei	5— 6 Min.	Eigelb im Innern noch weich
hartes Ei	8—10 Min.	Eiweiss und Eigelb fest

Und hier noch ein paar Anregungen zum Servieren:

Becher-Ei (unter einem lustigen Häubchen versteckt, bleibt es bis zum Essen schön warm): Salz, Pfeffer, Streuwürze gehören zum individuellen Würzen dazu.

Wachsweiches Ei:

— Für sich allein oder in eine Schinkentranche gerollt als willkommene Ergänzung auf einem grossen Salatteller.

— Sorgfältig halbiert auf einen Toast anrichten und mit Tomatensauce überziehen.

— Zu Spinat oder einer anderen Gemüseplatte, ergänzt noch mit ein paar Scheiben magerem, gebratenem Speck.

Hartes Ei:

— Gehackt über einen grünen Salat gestreut (Kopfsalat, Kressesalat usw.).

— In Scheiben geschnitten, zusammen mit Tomatenscheiben, für belegte Brötchen aller Art (z. B. mit einer Quarkunterlage).

— Grob geschnitten, mit viel Küchenkräutern, in eine Tomatensuppe.

— Als pikanter Salat für sich allein oder unter einen Fleisch-, Käse-, Wurst- oder auch gemischten Salat.

— Als Garnitur für einen Nüssli- oder Kartoffelsalat, für einen Salatteller, für kalte Platten und Teller.

Das Spiegelei

Hier ein paar Tips für seine Zubereitung:

—Butter in der Bratpfanne zergehen lassen. Eier hineinschlagen und bei nicht zu grosser Hitze braten, bis das Eiweiss fest ist.

— Wünscht man die Eier unten braun, darf die Hitze etwas grösser sein (doch nicht zu gross, sonst ist das Eiweiss unten gebacken, oben noch flüssig und das Eigelb gar kalt geblieben!).

— Deckt man die Pfanne zu, wird während des Bratens auch das Eigelb fest — und auch diese Art hat ihre Liebhaber!

— Ebenso schätzen viele das beidseitig gebackene

Spiegelei: Sobald es auf der unteren Seite gebacken ist, wird es mit dem Bratschäufelchen sorgfältig gewendet und auf der anderen Seite ebenfalls gebacken.
Mit ein paar Ergänzungen wird aus 1–2 Spiegeleiern bald eine kleine Mahlzeit:

— Klassisch ist natürlich Speck oder Schinken; er kann neben oder unter dem Ei mitgebraten werden. Neben dem Ei bleibt er weich, unter dem Ei wird er fest und knusprig. Speck und Schinken müssen gut heiss sein, bevor die Eier darauf geschlagen werden, damit diese nicht zu lange brauchen, um fest zu werden.

— Halbe Tomaten können in der gleichen Pfanne mit den Spiegeleiern zusammen zubereitet werden: Man gibt sie zuerst in die erhitzte Butter, dämpft sie zugedeckt 5–6 Min. und schlägt die Eier daneben auf. Nach weiteren 5 Minuten ist alles zusammen fertig. Die Tomaten mit Streuwürze und reichlich gehackter Petersilie, die Eier mit etwas Salz und Paprika würzen!

— Genau gleich kann man übrigens auch mit in Streifen geschnittenen Peperoni oder mit Auberginesscheiben verfahren.

— Blättrig geschnittene Champignons, Speckwürfelchen oder auch einige Zwiebelringe mitgebraten, bereichern die Spiegeleier ebenfalls aufs Beste!

Und hier noch zwei Spezialrezepte:

Zuppa Pavese

Eine getoastete Brotscheibe in einen Suppenteller legen, ein schwach gebratenes Spiegelei daraufgeben und mit reichlich geriebenem Käse überstreuen. Kochende Bouillon (aus Würfel) darübergiessen und sofort servieren!

Florentiner Toast

Getoastete Brotscheiben mit gedämpftem Blattspinat (siehe Kapitel Gemüse) belegen und mit einem Spiegelei krönen.

Nach Belieben noch 2–3 gebratene Specktranchen oder Cipolatawürstchen dazu geben.

Das Rührei und die Eieromelette

Die Vorbereitung ist für beides dieselbe: Eier mit wenig Milch (1 Essl. pro Ei) verklopfen, würzen, eventuell noch gehackte Kräuter, eine entkernte, in Würfelchen geschnittene Tomate oder kleingeschnittenen Schinken daruntermischen.
Für das *Rührei* wird nun Butter in die Bratpfanne gegeben, erhitzt und die Eiermasse hineingegeben. Unter ständigem Rühren mit dem Bratschäufelchen nur gerade solange braten, bis die Eiermasse gestockt ist. – Bei grösseren Mengen die Eiermasse in Portionen zubereiten!
Für die *Omelette* die Eiermasse ebenfalls in die Pfanne geben, jedoch *ohne zu rühren* braten, bis die Masse unten braun und oben fest ist. Nur gerade in der Mitte darf sie noch leicht flüssig sein. Dann auf eine Platte oder einen Teller gleiten lassen und zur Hälfte umschlagen. – Auch hier wieder empfiehlt sich bei grösseren Quantitäten die Zubereitung von 2–3 Omeletten!
Rührei und Eieromeletten können ergänzt werden mit
– gedämpften Champignons (oder anderen Pilzen);
– einigen gebratenen Speckwürfelchen;
– gedämpften Peperoni oder einer kleinen Portion Ratatouille usw.

Auch dazu noch ein Spezialrezept:

Bauern-Omelette

1 feingehackte Zwiebel, 50 g Speckwürfelchen, 100 g gekochtes, kleinwürfelig geschnittenes Siedfleisch und 1–2 ebenfalls in kleine Würfelchen geschnittene Kartoffeln in etwas Butter während 10–15 Min. braten. 2–3 mit Milch, Salz und gehackter Petersilie verklopfte Eier darübergiessen und alles zu einer Omelette backen. – Zusammen mit viel Salat servieren!

Pfannkuchen — süss oder pikant!

Grundrezept (für ca. 12 Pfannkuchen):
200 g Mehl, 4 Eier, je 2 dl Milch und Wasser, 1 gute Prise Salz.
Alle Zutaten zu einem glatten Teig verrühren und diesen nach Möglichkeit 1/2—1 Std. stehenlassen.
Wenig Butter in einer Bratpfanne erhitzen und mit einer Schöpfkelle portionsweise Teig hineingeben. Durch leichtes Schwenken der Pfanne den Teig schön gleichmässig verteilen.
Die untere Seite hellbraun backen, dann den Pfannkuchen wenden und die andere Seite ebenfalls backen.

Hier dazu noch einige *Füllungen, süss. . .*
Apfelmus — gezuckerte Beeren — Konfiture oder Gelee — geriebene Haselnüsse, mit Rosinen, Zucker, Milch und abgeriebener Zitronenschale vermischt.

. . .und auch *pikant:*
Hackfleisch — Spinat mit kleingeschnittenem Schinken, gedämpfte Champignons (auch andere Pilze), Ratatouille mit gerösteten Speckwürfelchen usw.

Zum Abschluss noch zwei Eiergerichte, die vielleicht etwas mehr Arbeit geben, dafür aber einem Sportler, der gerade von seinem Training kommt, gar köstlich munden:

Feines Käsesoufflé

Zutaten:
30 g Butter, 2 gehäufte Esslöffel Mehl, 2 dl Milch, 1 Tasse geriebener Emmentaler, 1 Messerspitze Senf, 1 gute Prise Pfeffer, 3 Eier und — wenn möglich — 1 Eiweiss extra. Nach Belieben noch 100 g gehackter Schinken.
Die Butter zergehen lassen, das Mehl beigeben und mit der Milch glatt schwingen. Unter stetem Rühren aufkochen, bis die Masse ziemlich dick ist. Käse, Senf, Pfeffer und allenfalls den Schinken daruntermischen. Etwas auskühlen lassen, dann ein Eigelb nach dem anderen dazurühren. Zuletzt das zu steifem Schnee geschlagene Eiweiss darunterziehen, die

Masse in eine Auflaufform füllen und im mittelheissen Ofen 40 Min. backen. Sofort servieren!

Kaiserschmarrn

Zutaten:
2 dl Milch, 1 dl Rahm, 3 Eier, 150 g Mehl, 1 Prise Salz, 30 g Butter, Puderzucker, Rosinen.
Milch, Rahm, Eigelb und Salz gut zusammen verklopfen, das Mehl nach und nach beigeben und zu einem glatten Teig verrühren. Das Eiweiss zu Schnee schlagen und sorgfältig darunterziehen. In einer sauberen Bratpfanne die Butter heiss werden lassen, den Teig beigeben und auf der unteren Seite hellbraun backen. Einmal wenden und mit zwei Gabeln in grobe Stücke zerteilen. Sobald die ganze Masse fest ist, anrichten und reichlich mit Puderzucker und, nach Belieben, Rosinen überstreuen. Sofort servieren — vielleicht gar begleitet von einer warmen Vanillecreme!

Von den Getränken des Sporttreibenden

Erinnern wir uns, was der Mediziner Prof. Dr. Biener zum Problem des Trinkens im Sport u. a. sagte:
«Hygienisch richtig ist es, nicht zu viel, nicht zu hastig, nicht zu kalt zu trinken; oft genügt auch schon das Spülen des Mundes.»
Und der Delegationskoch Walter Schudel bestätigte es aus olympischer Erfahrung:
«Zumeist sind die angebotenen Getränke für den Sofortgenuss zu kalt; auch werden sie von den Athleten vielfach zu hastig und auch in zu grossen Mengen getrunken.»
Was also soll der Sporttreibende trinken?
Sicher keine Getränke irgendwelcher Art direkt aus dem Kühlschrank und auch keine kohlensäurehaltigen Mineralwasser, die — vor allem, wenn sie rasch getrunken werden — zum Aufstossen führen.
In der Alltagspraxis der Sporttreibenden hat sich die folgende Auswahl an geeigneten Getränken stets bewährt:

— kühle oder warme Milch, auch vermischt mit verschiedenen Aromen (sogenannte Milchdrinks),
— Milch oder auch Wasser (oder halb/halb) mit Ovomaltine, Sport-Ovo, Pront-Ovo,
— kühler, lauwarmer oder auch heisser Tee, je nach Situation (siehe Vorschläge Schudel «Getränke»),
— Mineralwasser, wenn möglich arm an Kohlensäure (andernfalls diese herausquirlen), Rivella,
— Süssmost, Fruchtsäfte, Traubensaft — es gibt hier ja ein breites Angebot an sportlerfreundlichen Getränken,
— Aqua pura, also gewöhnliches Brunnenwasser oder auch mit Zitronensaft und Zucker hergestelltes Zitronenwasser,
— eine leichte, warme oder lauwarme Trinkbouillon,
— den sogenannten Vasalauf-Drink: Warmes Zuckerwasser mit Zitrone und Vitamin-haltigem Blaubeersaft.

«Ihr» Sportler wird bald einmal herausfinden, welches Getränk ihm am besten schmeckt — und am besten bekommt!

Kartoffeln und Gemüse — schonend zubereitet!

Um die für eine gesunde und sportgerechte Ernährung so wichtigen Vitamine und Mineralstoffe zu schonen, sind beim Zubereiten von Kartoffeln und Gemüsen ein paar wichtige Grundsätze zu beachten:

1. Beim Rüsten nur gerade das wegschneiden, was unbedingt nötig ist! Junge Karotten, zarte Gurken, Kartoffeln, Zucchetti usw. brauchen zum Beispiel nicht geschält zu werden.
2. Gerüstetes und kleingeschnittenes Gemüse und Salate nicht unnötig im Wasser liegen lassen! Kartoffeln und Gemüse werden am besten erst unmittelbar vor dem Kochen gerüstet. Muss man Kartoffeln aus zeitlichen Gründen doch einmal im voraus schälen, legt man sie ganz ins Wasser und schneidet sie erst unmittelbar vor dem Kochen klein, denn — je mehr Schnittflächen vorhanden sind, desto mehr Mineralstoffe gehen verloren!
3. Gemüse und Kartoffeln werden grundsätzlich mit

möglichst wenig Wasser zubereitet! Bei Beendigung des Kochprozesses soll die Flüssigkeit praktisch ganz eingekocht sein. Ein allfälliger Rest wird nicht weggegossen, sondern für eine Suppe oder Sauce verwendet.

4. Junge Gemüse können oft im eigenen Saft oder doch mit ganz minimer Flüssigkeitsbeigabe (z. B. der an den Spinatblättern hängende Tropfenrest des letzten Waschganges) gedünstet werden.

5. Was gekocht werden muss — z. B. Salzkartoffeln — nicht bereits mit dem kalten Wasser aufsetzen, sondern erst in die kochende Flüssigkeit geben (Ausnahme: Dampfkochtopf). So werden nicht nur die Nährstoffe geschont; das Kochgut behält auch ein viel schöneres Aussehen.

6. Sehr gute Dienste leistet ein *Dampfkochtopf,* gerade beim Zubereiten von Kartoffeln und Gemüse! Die Kochzeit wird auf ein Minimum reduziert (ca. $1/3$—$1/5$ der normalen Kochzeit) und das Kochgut nicht ausgelaugt, weil es ja im Dampf gar wird.

Rund um die schmackhafte Kartoffel

Am wenigsten Mineralstoffe gehen verloren, und am schmackhaftesten werden sie auch, wenn wir die Kartoffeln *in der Schale* zubereiten; also

Gschwellti

Gut gewaschene Kartoffeln in einem Siebeinsatz in einen Kochtopf mit wenig kochendem Wasser stellen; dieses soll knapp bis unter die Kartoffeln reichen. Während des Kochens muss dann von Zeit zu Zeit etwas Wasser nachgegossen werden. Zugedeckt 30—40 Minuten kochen.
Kochzeit im Dampfkochtopf: 8—12 Minuten (die Kartoffeln springen weniger, wenn der Topf nach beendeter Kochzeit nicht kalt abgeschreckt wird!).

Servier- und Verwendungsmöglichkeiten:

— So wie wir sie aus dem Topf nehmen, zusammen mit einer Käseplatte, frischer Butter, einem Wurst- oder Fleischsalat oder auch begleitet von rezent gewürztem Quark (siehe Kapitel Quark) servieren.

— Schälen, kurz in zerlassener Butter wenden oder auch leicht anbraten, mit reichlich gehackter Petersilie oder Schnittlauch überstreuen und zu Gemüse- oder Fleischgerichten reichen.

— Als Ausgangspunkt für einen Kartoffelsalat, eine Rösti oder einen Kartoffelstock verwenden!

Ofenkartoffeln

(speziell für neue Kartoffeln geeignet!)

Kartoffeln sehr gut waschen, nicht schälen! Kleine ganz, grössere halbiert oder auch geviertelt, rundherum mit Öl bepinseln und auf ein Kuchenblech legen. 30–40 Min. bei Mittelhitze backen. Mit Salz oder Streuwürze und zusätzlich, nach Belieben, noch mit Kümmel, Paprika oder gehackten Kräutern würzen.

Kartoffeln in der Folie

Gleichmässige, gut gewaschene Kartoffeln einzeln in geölte Alufolie wickeln und im Backofen bei ca. 220° während 40–50 Min. backen.
Öffnen, die Kartoffeln kreuzweise einschneiden und etwas auseinanderdrücken. Mit Salz und Pfeffer würzen und ein Stücklein Butter oder Kräuterbutter hineingeben.
Zu diesen Kartoffeln kann aber auch eine gewürzte Quarkmischung oder pikant abgeschmeckter Sauerrahm mit viel gehacktem Schnittlauch gereicht werden!

Weitere Kartoffelgerichte, mit Blick auf den Sporttreibenden:

Kartoffelstock

Frisch gekochte Schalenkartoffeln (siehe unter Gschwellti!) noch heiss schälen und purieren. Mit Milch und einem Stücklein Butter verrühren, bis er schön luftig ist; dann noch mit Salz und einer Spur Muskat würzen.

Kartoffelstock kann auch aus gekochten Kartoffelwürfelchen zubereitet werden; das dabei nicht vollständig eingekochte Wasser wird zum Verrühren gleich mitverwendet (dafür kann allenfalls ein Teil der Milch durch Kaffeerahm ersetzt werden). — Wenn's einmal pressiert oder gerade keine Kartoffeln zur Hand sind, verwenden wir den schon weitgehend vorbereiteten Kartoffelstock aus dem Päckli.

Das lässt sich aus einem Rest Kartoffelstock zubereiten:

Kartoffelküchlein

Gehackte Kräuter, einige Speckwürfelchen oder etwas kleingeschnittenen Schinken sowie ein verklopftes Ei unter den Kartoffelstock mischen und soviel Mehl beifügen, dass sich die Masse gut formen lässt. Daraus runde Küchlein formen und diese in der Bratpfanne oder auf einem geölten Backblech im Ofen beidseitig backen.
Anstatt Küchlein können wir auch einmal Kroketten formen, diese in verklopftem Ei und Paniermehl wenden und sie im heissen Öl schwimmend backen (nachher auf einem Küchenpapier gut abtropfen lassen!).
Verschiedenerlei Kroketten und Kartoffelküchlein sind auch als Fertigprodukte erhältlich.

Ofentori

Kartoffelstock mit 1—2 Eiern vermischen und in eine gebutterte Gratinform füllen. Mit Speckwürfelchen überstreuen und im heissen Ofen überbacken. — Dazu passt ein grüner Salat ganz ausgezeichnet!

Ebenfalls von einem grünen Salat und 2—3 Tranchen magerem Schinken begleitet, ergibt das nachfolgende Gericht eine vollständige Mahlzeit:

Gratin Dauphinois

(für eine Person)

2 mittlere Kartoffeln schälen, in dünne Scheiben schneiden und mit Salz, Pfeffer sowie etwas Muskat würzen. In ein

ausgebuttertes Eierpfännchen schichten. 2—3 Essl. geriebenen Käse darüberstreuen und ca. 1 dl Rahm darübergiessen. Noch einige Butterflöcklein auf die Kartoffeln verteilen und diese im Ofen bei Mittelhitze eine knappe Stunde backen. — Auch hier: Wenn's einmal pressieren sollte, steht uns dieses Gericht als Fertigprodukt zur Verfügung!

Schonend zubereitete, herrliche Gemüsegerichte

Gedämpfte Rüebli mit Kräutern

Die Rüebli waschen und rüsten, in feine Rädchen schneiden und in etwas Butter bei nicht zu grosser Hitze — sie brennen sonst gerne an — gut durchdämpfen. Mit etwas Streuwürze überstreuen und ein halbes Glas Wasser dazugiessen. Auf kleinem Feuer zugedeckt 15—20 Min. dämpfen. Ab und zu umrühren und, falls nötig, noch wenig Wasser nachgiessen; es soll aber am Schluss ganz verdampft sein. Vor dem Anrichten noch mit viel gehackter frischer Petersilie vermischen!

Gedämpfter Blattspinat

Den Spinat mehrmals gut waschen und erlesen, dabei gleich auch die groben Stiele entfernen. Mit dem vom Waschen noch anhaftenden Wasser in einen grossen Kochtopf geben und solange dämpfen, bis die Blätter in sich zusammenfallen. Mit Streuwürze oder Salz, Pfeffer und einer Spur Muskat würzen. Jungen Spinat direkt in ganzen Blät-

Wir erinnern daran, dass inskünftig nicht mehr mit Kalorien, sondern neu mit Joules gerechnet wird:
1 Kalorie = 4,184 Joules
Umrechnungsfaktor demnach: 4,18!
(siehe Tabelle S. 77)

tern anrichten und mit etwas zerlassener Butter übergiessen. Allenfalls auch noch geriebenen Käse darüberstreuen. Nicht mehr so zarten Spinat hacken oder purieren und mit etwas kalt angerührtem Maizena binden. Ebenfalls noch mit einem Stücklein Butter verfeinern!

Halbe, gedämpfte Tomaten

Grosse, feste Tomaten querdurch halbieren und in ein Eierpfännchen stellen. Mit etwas Streuwürze, Majoran und Basilikum bestreuen und auf jede Hälfte noch ein Butterflöcklein, etwas gehackte Petersilie und, nach Belieben, auch noch gehackte Zwiebel und Knoblauch verteilen. Knapp fingerhoch Wasser dazugeben und im Ofen oder zugedeckt auch auf dem Herd —15 Min. dämpfen.

Ratatouille

In etwas Öl eine feingehackte Zwiebel und Knoblauchzehe leicht andämpfen. Je eine in Würfelchen geschnittene Zucchetti und Aubergine, sowie 1—2 entkernte, in Streifen geschnittene Peperoni beifügen und kurz mitdämpfen. Noch 2—3 kleingeschnittene Tomaten dazugeben und alles auf kleinem Feuer ohne Flüssigkeitsbeigabe zugedeckt 20—30 Min. dämpfen. Mit Salz, Majoran und Thymian würzen.

Tip:
Die verschiedenen Gemüse können ganz nach Belieben zusammengestellt werden; auch eine Kombination nur von Tomaten und Zucchetti oder Tomaten und Peperoni oder Zucchetti und Peperoni schmeckt fein. Sollte das Gemüse zu wenig eigenen Saft abgeben, muss ganz wenig Wasser dazugegossen werden.

Und all das passt als Begleitung zu diesen — und natürlich vielen weiteren — Gemüsegerichten (wie Bohnen Broccoli, Chicoree, Erbsen, Fenchel, Kefen, Krautstiele, Lattich, Rosenkohl, Schwarzwurzeln, Sellerie usw.):
Grillierte Leberschnitten, Steaks oder Koteletts, gebratene Speck- oder Fleischkäsetranchen, zum Spinat natürlich

auch Spiegeleier, eine Bratwurst oder Cippollatas und auf jeden Fall Kartoffeln, auf die vom Sporttreibenden bevorzugte Form (siehe Kartoffelgerichte) zubereitet!

Von Salaten und Salatsaucen, wie sie dem Sportler bekommen

— Als Salate für den Sporttreibenden eignen sich — wir wissen es bereits aus vorangegangenen Ausführungen — besonders: Kopfsalat, Endivie, Nüsslisalat, Tomatensalat, dann auch Salate aus Karotten, Sellerie, Randen, Fenchel, Peperoni; auch Kartoffelsalat u. a. Natürlich können wir sie entweder untereinander mischen oder — je nach Geschmack und Optik (Farbe) einzeln anrichten.

— Für den Sportler vor Wettkampftagen weniger geeignet sind Gurkensalat, Pilzsalat, Kabissalat, Rettichsalat.

— *Im Rahmen der Trainings- und Aufbaunahrung sollte täglich Salat gegessen werden — und das in ausreichender Menge!*

— Salate werden — von gewissen Ausnahmen (Kartoffelsalat, Wurzelsalate z. B.) abgesehen — immer frisch, d. h. möglichst unmittelbar vor ihrem Genuss angerichtet. Bei der Zubereitung gilt: rüsten, waschen, nicht im Wasser liegen lassen, Blattsalate gut ausschwingen, unter die Salatsauce ziehen und auftischen!

— Apropos Salatsauce: Wir verwenden dafür keine Mayonnaise, wenig Salz, Zitronensaft oder wenig Essig, Joghurt oder Rahm (Kaffeerahm), Quark auch, frische Küchenkräuter (Schnittlauch, Petersilie).

— Hier eine wohlschmeckende, gesunde *Joghurt-Kräutersauce:* 1 dl Joghurt nature mit wenig Paprika, Streuwürze, einer Prise Pfeffer, dem Abgeriebenen einer halben Zitrone (ungespritzt), etwas feingehackter Petersilie, wenig Senf, 1 Esslöffel Kaffeerahm und reichlich gehacktem Schnittlauch der Reihe nach mischen und gut umrühren; alsdann den entsprechend gerüsteten Salat dazugeben (Sellerie-, Apfel-, Karotten, rohen Randen-, Fenchel- oder Bleichselleriesalat).

— Und gleich noch eine *Joghurtsauce mit wenig Kalorien:*

1 dl Joghurt nature, 1 Essl. feingehackten Schnittlauch, 1/2 durchgepresste Knoblauchzehe, etwas Senf und Pfeffer, wenig Salz, 1 Essl. Milch, 1 Essl. Orangensaft und je 1 Messerspitze Zwiebel- und Meerrettichpulver zusammen gut verrühren. Diese Sauce eignet sich für alle Blattsalate.

— Salate können immer wieder anders gluschtig und genussvoll angerichtet werden:
Kopf- und andere Blattsalate kombiniert mit Tomatenschnitzen, überstreut mit gerösteten Brotwürfelchen oder einem hartgekochten, gehackten Ei;
Karotten- und Selleriesalat ergänzt mit Ananasstückchen, grob gehackten Nüssen, Bananenrädchen;
Randensalat mit einem geraffelten Apfel vermischt, mit Orangensaft oder Orangenscheiben angemacht;
Kartoffelsalat wird am besten aus frisch gekochten Kartoffeln. Möchte man aber einmal gekochte Kartoffeln vom Vortag brauchen (Reste), werden sie aufgeschnitten, mit kochender Bouillon übergossen, etwas ziehen gelassen und erst dann mit der Salatsauce vermischt. Kartoffelsalat soll nie direkt aus dem Kühlschrank genossen werden — das gilt übrigens auch für die anderen Salate.

— Frische gehackte Kräuter sind bei allen Salaten eine wertvolle Bereicherung!

— Fenchel und Peperoni eignen sich weniger für grosse Salatportionen, da sie doch sehr ausgeprägt im Geschmack sind. Hingegen mischen wir sie — ganz fein geschnitten — unter beliebige andere Salate.

— Im übrigen sollten gemischte Salate wenn immer möglich mit Gemüsen verschiedener Gruppen, d. h. Knollengemüse, Blattgemüse und Fruchtgemüse zusammengesetzt sein, also z. B. Sellerie, Nüssli und Tomaten oder Rüebli, Kopfsalat und Peperoni.

Teigwaren, Reis und weitere Getreidespeisen

Teigwaren und Reis, aber auch Maisgerichte, Haferflocken u. a. zählen wohl bei den meisten jungen Leuten zu den ausgesprochenen Favoriten — und das mit Recht. Allerdings sollten solche Mahlzeiten von reichlich Salat begleitet oder mit einem Früchtedessert (siehe dort) ergänzt werden.

Das Grundrezept für die Zubereitung von Teigwaren

In einer möglichst grossen Pfanne viel Salzwasser zum Kochen bringen (pro 100 g Teigwaren 1 l Wasser und 1 knapper Essl. Salz). Die Teigwaren locker hineingeben und 12–15 Min. kochen, d. h. solange, bis sie «al dente» sind (den Zähnen noch etwas Widerstand leisten). Eine genaue Kochzeit kann nicht angegeben werden; man muss sie immer wieder probieren. Alsdann gut abtropfen lassen und mit etwas Butter sowie, nach Belieben, geriebenem Käse vermischen.

Und hier gleich noch drei Teigwaren-Tips:

— Werden Teigwaren nicht sofort serviert, schreckt man sie kurz mit kaltem Wasser ab und gibt sie in eine gut schliessende Plastikdose oder deckt sie mit Alufolie zu.
Bei Gebrauch werden sie in der Bratpfanne in etwas Butter entweder nur gerade erhitzt oder auch leicht angebraten. In diesem Fall ist es fein, 1–2 verklopfte Eier darunterzumischen.

— Zur Abwechslung können auch einmal 1–2 Tomaten, in Würfelchen geschnitten, gehackte Petersilie, einige geröstete Speckwürfelchen, eine Portion Kräuterbutter, eine Zwiebelschwitze oder geröstete Brösmeli bzw. Paniermehl an die Teigwaren gegeben werden.

— Wir können aber auch – mit Hörnli beispielsweise – gekochte Kartoffeln in Würfelchen, in Streifen geschnittenen Schinken, Fleischkäsewürfel usw. mitbraten.
Topleader unter den vielen Teigwarengerichten sind bei allen Sportlern ganz bestimmt die herrlichen

Spaghetti Bolognese

Zutaten für 4 Personen:
400 g Spaghetti
für den Sugo:
300 g gehacktes Rindfleisch, 50 g Speckwürfeli, 2 Rüebli, 1

kleines Stück Sellerie, 1/2 Lauch, 1 Zwiebel, 2 Essl. Öl, 5 Essl. Tomatenpüree, 1 Teel. Streuwürze, je eine Messerspitze Majoran, Thymian und Zimt, 1/2 l Fleischbrühe, 2—3 Essl. Rahm, 20 g Butter.
Ferner: geriebener Käse.
Rüebli und Sellerie raffeln, die Zwiebel feinhacken und den Lauch in möglichst feine Rädchen schneiden. Die so vorbereiteten Gemüse mit dem Fleisch und den Speckwürfelchen zusammen gut durchdünsten. Streuwürze und die verschiedenen Gewürze sowie das Tomatenpüree beigeben und alles gut umrühren. Mit der Fleischbrühe aufgiessen und auf kleinem Feuer ca. 3/4 Std. zugedeckt kochen. Zuletzt noch mit Rahm und Butter verfeinern.
Unterdessen die Spaghetti in reichlich Salzwasser al dente kochen.
Tip:
Die Sauce entweder direkt über die gut abgetropften Spaghetti geben oder aber separat servieren — das gilt auch für den geriebenen Käse.

Schinken-Nudelgratin

Zutaten für 4 Personen:
400 g Nudeln, 300 g Schinken, 3 Eier, 1 dl Milch, 2 dl Rahm, 1 Teel. Streuwürze, 100 g geriebener Käse, etwas Butter.
Die Nudeln in reichlich Salzwasser al dente kochen, gut abtropfen lassen und mit dem kleingeschnittenen Schinken und dem geriebenen Käse vermischen. In eine gebutterte Gratinform füllen. — Eier, Milch, Rahm und Streuwürze verklopfen und darübergiessen. Noch einige Butterflöcklein darauf verteilen und den Gratin bei guter Oberhitze ca. 20 Min. backen.
Tip:
Ein solcher Gratin lässt sich gut am Nachmittag schon vorbereiten, z. B. für eine abendliche Spätmahlzeit unseres Sporttreibenden; er ist auch eine sympathische Lösung zur Verwendung von Teigwarenresten.

Auch hier gilt: Wenn's einmal pressiert, der Hunger unseres Sportlers gross ist, bereits gekochte Teigwaren aber nicht greifbar sind, leisten Ravioli, Tortellini und wie sie alle heissen aus Dose, Beutel oder tiefgekühlt recht gute Dienste! Es lohnt sich also, von diesen Fertiggerichten stets einen kleinen Vorrat zu haben.

Die zwei hauptsächlichsten Arten, ***Reis*** zuzubereiten, sind:

Trockenreis

Den Reis genau gleich wie Teigwaren in reichlich kochendes Salzwasser geben und 15–18 Min. kochen. Abgiessen und mit einem Stücklein Butter vermischen. – Ein sogenannter Langkornreis (parboiled) ist hierfür besonders geeignet.
Zu grilliertem Fleisch, Fisch und Geflügelgerichten servieren und auch hier wieder Salat und/oder Früchte nicht vergessen!

Risotto (für 2–3 Personen),

200 g Reis mit einer feingehackten Zwiebel in 1 Essl. Öl anrösten. Ca. 3/4 l Fleischbrühe nach und nach unter Rühren dazugeben. Kochzeit: 15–20 Minuten.
Risotto kann mit Safran, Tomatenpüree oder gehackten Kräutern gewürzt werden. Als willkommene Ergänzung eignen sich Champignons, Steinpilze, Eierschwämme, Herbsttrompeten, aber auch Speck- oder Schinkenwürfeli usw.

Risotto Romano

Zutaten für 4 Personen:
400 g grob gehacktes Rindfleisch, 80 g Speckwürfelchen, 1 Zwiebel, 2–3 Peperoni, 1 Büschel Petersilie, 2 Tomaten, 300 g Reis (am besten eine italienische Sorte), wenig Salz, 1 Essl. Öl oder Butter, knapp 1 l Fleischbrühe, reichlich geriebener Käse.
Die Peperoni entkernen und kleinschneiden, Zwiebel und Petersilie hacken. Zusammen mit den Speckwürfelchen und dem Fleisch in Butter gut durchdünsten. Den Reis und die in Würfelchen geschnittenen Tomaten beifügen und das Ganze noch schwach salzen. Mit der Fleischbrühe aufgiessen und in ca. 15–20 Min. weichkochen. Das fertige Ge-

richt noch abschmecken, mit reichlich Käse überstreuen und zu einer Schüssel gemischtem Salat auf den Tisch bringen.

Hier nun noch ein paar Anregungen für jederzeit willkommene weitere Getreidegerichte:

Eine richtige Polenta

Zutaten für 4 Personen:
1 l Wasser oder auch halb Milch, halb Wasser, 1 gehäufter Teel. Salz, 250 g Maisgriess, 1 Spur Muskat, etwas Streuwürze, 1 Stk. Butter, nach Belieben auch noch etwas geriebener Käse.
Wasser oder Milchwasser aufkochen, das Salz beifügen und den Mais unter Rühren einlaufen lassen. 30—40 Min. auf kleinem Feuer kochen — dabei häufig umrühren und die fertige Polenta noch mit Muskat und Streuwürze abschmecken. Auf eine Platte stürzen, mit dem geriebenen Käse überstreuen und mit der zerlassenen Butter übergiessen.
Tip:
Wenn's pressiert, Mais aus dem Päckli zubereiten!

Mais-Pizza-Schnitten

Zutaten für 4 Personen:
1 l Fleischbrühe, 250 g Maisgriess, 150 g Tilsiter oder Raclettekäse, 4—5 Tomaten, etwas Origano, nach Belieben noch einige Sardellenfilets.
Aus Fleischbrühe und Mais eine Polenta kochen (siehe Grundrezept). Diese ca. 2 cm dick auf ein kalt abgespültes Kuchenblech streichen und auskühlen lassen. In rechteckige oder quadratische Schnitten schneiden und jede in der Mitte leicht eindrücken. Dünne Käsescheiben und Tomatenscheiben darauf verteilen. Mit Origano würzen und nach Belieben noch die Sardellen daraufgeben. Ca. 15 Min. bei guter Hitze (200 °) backen und dann sofort servieren — begleitet natürlich von grünem Salat!

Griesspeisen sind für den Sporttreibenden nicht nur in süsser Form — wie Griessköpfli (siehe unter Desserts), Griesspudding usw. — willkommene Mahlzeiten; sie können auch pikant als Gnocchi, Griesschnitten usw. aufgetischt werden. Wer nach dem Training eine Suppe mag, schätzt ganz sicher

Griessklösse als Suppeneinlage

Zutaten für 4 Personen:
150 g Griess, 3/4 l Milch, 1/2 Teel. Salz, 1 Ei, 50 g geriebener Käse, etwas gehackte Petersilie.
Aus Milch, Griess und Salz einen dicken Griessbrei kochen. Mit dem verklopften Ei, dem geriebenen Käse und der Petersilie vermischen. Etwas auskühlen lassen. Alsdann mit zwei Teelöffeln Klösschen formen und diese in einer schwach kochenden Fleischbrühe (aus Würfeln zubereitet) ziehen lassen.

Haferflocken sind eine wertvolle Sportlernahrung, zudem können wir sie auf die verschiedensten Arten zubereiten und so sowohl zum Frühstück, als auch vor oder nach dem Training geniessen. Nachstehend drei unkomplizierte, schmackhafte Zubereitungsarten:

Porridge

für 1—2 Portionen:
100 g Haferflocken in 1/2 l Milch oder Milchwasser während 15—20 Min. kochen. Mit einer Prise Salz würzen. Mit Zucker oder Zimtzucker überstreuen und kalte Milch oder Rahm darübergiessen. (Anstelle von Zucker und Milch kann auch leicht verdünnte gezuckerte Kondensmilch genommen werden.)

Haferflocken-Küchlein

für etwa 4 Personen:
200 g Haferflocken in eine Schüssel geben und mit 1/2 l kochender Milch übergiessen. 1 feingehackte Zwiebel und 1 Büschel gehackte Petersilie, 1—2 geraffelte Rüebli und allenfalls etwas gehackten Schinken in wenig Butter gut

durchdämpfen und daruntermischen. 1 verklopftes Ei, 1 Essl. Mehl sowie 1 gehäufter Teelöffel Streuwürze und eine Prise Majoran dazugeben.
In der Bratpfanne Gourmet-Butter heiss werden lassen und mit einem Esslöffel kleine Häufchen der Masse hineingeben. Mit dem Bratschäufelchen leicht flachdrücken und beidseitig goldbraun backen.

Bubenfutter

für 1—2 Portionen:
100 g Haferflocken mit 3 Essl. Zucker vermischen und in 20 g Butter unter ständigem Rühren goldgelb rösten. — Wie Cornflakes mit kalter Milch geniessen, aber auch unter einen Joghurt mischen oder über ein Apfelmus streuen!

Der Quark — eine wertvolle und billige Eiweissquelle

Quark ist — wir wissen dies aus den vorangegangenen Ausführungen — für den Sportler eine fast unersetzliche Nahrung. Die darin enthaltenen Eiweissarten gehören zu den biologisch wertvollsten; er ist leicht verdaulich und lässt sich zudem auf die verschiedensten Arten zubereiten.
Am einfachsten und schnellsten sind die verschiedenen *Quarkmischungen:*

Quarkmischungen auf pikante Art

Grundrezept:
200 g Quark mit 2—3 Essl. Milch und etwas Streuwürze schaumig rühren; dann je nach Lust und Vorhandensein mit weiteren pikanten Zutaten bereichern — zum Beispiel mit
— frischem, grobgeschnittenem Schnittlauch und einem harten, gehackten Ei;
— Paprika und Kümmel;
— Tomatenpüree und reichlich gehackter Petersilie;
— mit verschiedenen frischen Kräutern wie Dill, Majoran,

Kerbel, Basilikum usw., wie sie der Markt oder unser Garten gerade anbieten.

Rahm- oder Speisequark?
Im Prinzip können für alle Rezepte beide Sorten verwendet werden. Der geschmackliche Unterschied ist minim, jener bezüglich der Kalorienzahl hingegen beträchtlich. Zudem enthält der kalorienarme Speisequark bedeutend mehr Eiweiss; so dass man sich hier also ganz nach den individuellen Bedürfnissen entscheiden kann.
100 g Rahmquark enthalten
166 Kalorien, 12 g Eiweiss, 11 g Fett, 3 g Kohlenhydrate.
100 g Speisequark enthalten
88 Kalorien, 17 g Eiweiss, 0,5 g Fett, 2 g Kohlenhydrate.

Vorschläge für süsse Quarkmischungen

Grundrezept:
200 g Quark mit 2—3 Essl. Milch und 1—2 Essl. Zucker schaumig rühren. Auch hier gibt es alsdann viele Variationsmöglichkeiten; vermischen wir ihn zum Beispiel mit
— dem Saft und der abgeriebenen Schale einer halben Zitrone, 1 Essl. Honig und geriebenen Haselnüssen;
— der geraffelten Schale und dem kleingeschnittenen Fruchtfleisch einer Orange;
— Rosinen und grobgehackten Baumnusskernen;
— gehackten Datteln oder Dörraprikosen usw.

Solche Quarkmischungen eignen sich speziell als *Brotaufstrich* (auf Vollkorn- oder Knäckebrot); die pikanten sind zudem eine ausgezeichnete *Beigabe zu Gschwellten.* Etwas dicker gehalten, stellen wir sie auch einmal als willkommene *Dips** bei einer abendlichen Teamsitzung auf oder an einem Fotohöck unter Sportkollegen.

---

* Die Idee der Dips und des Dippens stammt aus Amerika. Es sind dies dicke Saucen, die in Schälchen aufgestellt und dann mit Crackers, Brotstengelchen, feingeschnittenen Rüeblistengelchen, Stangensellerie, Tomatenschnitzen, Pommes chips, Apfel- oder Birnenschnitzen usw. gedipt, d.h. aufgetunkt werden.

Quark und Früchte — eine herrliche und gesunde Kombination

Früchte-Quarkcreme

250 g Quark mit ca. 1 dl Milch, 3—4 Essl. Zucker sowie dem Saft und der abgeriebenen Schale einer ungespritzten halben Zitrone schaumig rühren. Beeren oder Früchte, je nach Saison, der Sorte entsprechend zerdrücken, kleinschneiden, raffeln oder purieren und daruntermischen.

Apfelmusschnitten mit Quarkhaube

Zwieback mit dickem Apfelmus bestreichen, jede Schnitte mit einem reichlichen Quarktupf bedecken (Grundrezept siehe süsse Quarkmischungen), mit geriebenen Haselnüssen und Sultaninen oder mit geraffelter dunkler Schoggi überstreuen.

Quark-Früchtebecher

Quark mit der Flüssigkeit von abgetropften Kompottfrüchten (Kirschen, Aprikosen, Pfirsichen, Beeren) und einigen Spritzern Zitronensaft schaumig rühren. Schichtenweise mit den Früchten in hohe Gläser füllen, mit Quark abschliessen und mit einer einzelnen Frucht garnieren.
Hier noch vier weitere Gerichte aus und mit Quark, als Abendessen gleich für die ganze Familie gedacht:

Palatschinken mit Quarkfüllung

Zutaten für 8—10 Stück:
für den Teig:
150 g Mehl, 1 Prise Salz, 4 Eier, 3 dl Milch, 2 Essl. Zucker, 1 Essl. Öl sowie Gourmet-Butter zum Backen.
Für die Füllung:
250 g Speisequark, 1 dl Rahm, 1 Ei, 50 g Zucker, abgeriebene Schale einer halben Zitrone, 1—2 Essl. Sultaninen.

Zubereitung:
Alle Teigzutaten zusammen glattrühren und den Teig ca.

eine halbe Stunde stehen lassen. Nachher in der mit wenig Gourmet-Butter ausgestrichenen Pfanne dünne Omeletten (eben Palatschinken geheissen) backen.
Quark und Rahm zusammen schaumig rühren. Das verklopfte Ei und die übrigen Zutaten dazugeben, glattrühren und die noch heissen Palatschinken damit füllen.

Weichsel-Quarktorte

Zutaten (für eine Springform von ca. 26 cm Durchmesser):
Teig:
250 g Mehl, 100 g Butter, 4 Essl. Zucker, 1 Prise Salz, 1 Ei, 1—2 Essl. Milch
Füllung:
1 kleine Dose Weichseln (ohne Stein), 2 Essl. geriebene Haselnüsse, 300 g Rahmquark, 4 Essl. Zucker, 2 Eier, eine halbe Zitrone.

Zubereitung:
Die *Teigzutaten* zu einem geschmeidigen Teig verarbeiten und diesen kurz an der Kühle ruhen lassen. Eine leicht gebutterte Springform damit auslegen und den Boden mit den geriebenen Haselnüssen überstreuen. Die gut abgetropften Weichseln darüber verteilen, dann mit der folgenden *Quarkmasse* überdecken:
Quark mit Eigelb, Zucker, Saft und abgeriebener Schale der halben Zitrone schaumig rühren, dann die zu Schnee geschlagenen Eiweiss darunterziehen. Die Torte bei guter Hitze 30—40 Min. backen und vor dem Servieren etwas auskühlen lassen.

Feine Quark-Orangen

Zutaten für 4 Personen:
5 Orangen, 250 g Speisequark, 2 Essl. Rahm oder Milch, 3 Essl. Zucker, 3 Essl. geriebene Mandeln oder Haselnüsse.

Zubereitung:
4 Orangen querdurch halbieren. Das Fruchtfleisch sorgfältig herausnehmen und kleinschneiden; dabei Kerne und die weissen Häutchen möglichst entfernen.

Quark, Rahm oder Milch, Zucker, Mandeln oder Haselnüsse, das Fruchtfleisch sowie die abgeriebene Schale der fünften Orange vermischen und bergartig in die Orangenhälften einfüllen. Die Orange nun schälen, in Schnitze teilen und die Orangenhälften hübsch damit garnieren!

Brombeer-Quarksoufflé

Zutaten für 4 Personen:
500 g Speisequark, 4 Eier, je 1 dl Rahm und Milch, 80 g Zucker, 1 Prise Salz, 4 Essl. Mehl, 1/2 Zitrone, 400 g Brombeeren, Butter für die Form.

Zubereitung:
Quark, Eigelb, Milch und Rahm zusammen schaumig rühren. Salz, Mehl und die Hälfte des Zuckers sowie Saft und abgeriebene Schale der Zitrone dazugeben und alles glattrühren. Die erlesenen Brombeeren mit dem restlichen Zucker vermischen und am Schluss, zusammen mit dem zu Schnee geschlagenen Eiweiss, unter die Masse ziehen. Diese in eine gebutterte Auflaufform füllen und das Soufflé bei Mittelhitze 45 Min. backen. *Sofort servieren!*

Tip:
Natürlich können dafür auch andere frische oder tiefgekühlte Beeren und Früchte verwendet werden!

Neben dem Quark können auch die vielen anderen Milchprodukte, vorab Joghurt, den Speisezettel eines Sporttreibenden auf wertvollste Art bereichern.
Joghurt nature kann, genau gleich wie der Quark, mit den verschiedensten Kräutern, Nüssen, Flocken, Früchten usw. kombiniert werden. Zudem ist er ja auch in rund zwei Dutzend verschiedenen Geschmacksvarianten und auch als Joghurt-Drink erhältlich.
Kefir, Hüttenkäse, Dessertcremen usw. sind weitere Lieferanten des so wertvollen Milcheiweisses.

Früchte-Süsspeisen in mannigfaltiger Kombination

Je nach Zusammensetzung einer Mahlzeit — vorab beim Fehlen eines Gemüses oder Salates — ist ein einfaches Kompott, ein Früchte-Cocktail oder Fruchtsalat als Vor- oder Nachspeise oder gar eine reichere, nahrhaftere Süsspeise wie z. B. Birnen mit Schokoladecreme oder Apfelmus-Schnitten, Götterspeise usw. als Dessert oder — warum auch nicht? — als abendliches Hauptgericht am Platz. Und falls diese verwendeten Früchte oder Beeren aus dem Tiefkühlgerät kommen, müssen sie vor ihrem Genuss bei Zimmertemperatur richtig aufgetaut werden.

Nachfolgend ein bunter Strauss von Vorschlägen, Anregungen und Kombinationsmöglichkeiten:

Früchtekompott

(Pfirsiche, Aprikosen, Kirschen, Zwetschgen, Birnen, Äpfel)
Für 1 kg Früchte ca. 3 dl Wasser mit 80—100 g Zucker — je nach Süsse der Früchte — aufkochen und alsdann 10—15 Min. kochen lassen. Bei hellen Früchten zum Erhalt der Farbe etwas Zitronensaft beigeben.
Die Früchte je nach Sorte vorbereiten und in diesem Zuckersirup weichkochen.

Tips und Kochzeiten:
Pfirsiche halbieren oder in Schnitze schneiden, eventuell nach dem Kochen Haut abziehen Kochzeit: 6—8 Min.
Aprikosen halbieren, allenfalls nach dem Kochen Haut abziehen; Unterschiede im Reifegrad beachten Kochzeit: 3—4 Min.
Kirschen ganz lassen Kochzeit: 3—4 Min.
Zwetschgen halbieren Kochzeit: 2—3 Min.
Birnen und Äpfel schälen, alsdann in nicht zu dünne Schnitze schneiden Kochzeit: 15—20 Min.

Ein Beerenkompott wird auf die gleiche Weise zubereitet; die Kochzeit ist hier sehr kurz. Wasser- und Zuckermenge muss der Süsse und dem Saftgehalt der Beerensorte angepasst werden.

Apfelmus

Die Äpfel wie soeben beschrieben kochen, jedoch solange, bis die Schnitze zerfallen. Eventuell durch das Passevite geben oder mit dem Mixer purieren. Je nach gewünschtem Geschmack etwas Zitronenschale (von ungespritzten Früchten), Zimtstengel oder auch 1—2 Nelken mitkochen.

Caramelisierte Äpfel- oder Birnenschnitze

Den Zucker zuerst hellbraun rösten, mit dem Wasser auflösen und die in Schnitze geschnittenen Äpfel oder Birnen (nach Belieben geschält oder ungeschält) darin während 10—12 Min. kochen. Eventuell noch 3—4 Essl. Rahm mit einem Teel. Maizena verrühren und die Sauce damit binden.

Fruchtsalat

Je nach Saison werden die verschiedensten rohen Früchte kleingeschnitten und mit Zucker sowie Zitronensaft vermischt. Auch Beeren aller Art ergänzen übrigens einen solchen Fruchtsalat aufs beste.
Weil rohe, zerschnittene Früchte rasch an Aussehen und Gehalt verlieren, darf ein solcher Fruchtsalat nie allzu lange im voraus zubereitet werden. Immerhin sollte er, wenn immer möglich, so eine halbe Stunde stehen, damit sich der Zucker gut auflöst und die Früchte etwas Saft ziehen und zugleich ihr volles Aroma entwickeln können. — Nie aber einen Fruchtsalat direkt aus dem Kühlschrank servieren! — Als Ergänzung können wir noch Rosinen, Sultaninen, geriebene Nüsse oder Mandelsplitter darüberstreuen.

Hier nun einige Kombinationsmöglichkeiten:

- Erdbeeren — Bananen — Grapefruits
- Melonen — Himbeeren — Bananen
- Aprikosen — Äpfel — Bananen
- Pfirsiche — Bananen — Brombeeren
- Birnen — Äpfel — Zwetschgen

- Grapefruits — Bananen — Kiwi
- Orangen — Bananen — Äpfel
- Melonen — Brombeeren — Pfirsiche

Birchermus

2—3 Essl. Haferflocken (besonders wertvoll ist die Vollkorn-Flockenmischung), 1—2 Essl. Zucker, 2 Essl. Zitronensaft und ca. 1 dl Rahm verrühren. 2—3 Äpfel dazu raffeln und das Müesli dabei vorweg umrühren, damit es appetitlich weiss bleibt. Nach Belieben noch Rosinen und geriebene Nüsse dazugeben.

Tip:

Anstelle von Rahm und Zucker kann auch gezuckerte, leicht verdünnte Kondensmilch verwendet werden — was übrigens dem Originalrezept von Dr. Bircher entspricht!
Je nach Saison greifen wir natürlich zu den verschiedensten Beeren und Früchten. Um aber eine gleichmässige Konsistenz zu erhalten, sollte, wenn immer möglich, ein Teil Äpfel dabei sein.

Götterspeise

Eine Schüssel mit Löffelbiscuits oder kleingeschnittenen Biscuitcake-Scheiben auslegen. Leicht gezuckerte Erdbeeren, Himbeeren oder Johannisbeeren darüber verteilen und mit Vanillecreme (aus Beutel zubereitet) überdecken.

Apfelmus-Torte

Den Boden einer Springform mit Zwieback auslegen. Festes Apfelmus darüber verteilen, nochmals eine Schicht Zwieback und eine Lage Apfelmus daraufgeben, dann nach Belieben noch eine dicke Vanillecreme darüberstreichen. Kühl stellen und vor dem Servieren mit geschlagenem Rahm bedecken und mit geraffelter dunkler Schokolade überstreuen. — Es ist dies ein recht nahrhaftes Gericht, das — begleitet von Tee — bereits als Mahlzeit gelten kann.

Tip:

Für kleine Portionen können auch einfach einzelne Zwiebacke als Schnitten auf diese Weise zubereitet werden!

Griessköpfchen

Zutaten für 4 Personen:
1 l Milch, 1 Prise Salz, 100 g Griess, 1 Stück Zitronenschale oder 1/2 Vanillestengel, 50 g Zucker. Nach Belieben noch 1—2 Essl. geriebene Haselnüsse oder Sultaninen.
Die Milch mit Salz, Zitronenschale oder Vanillestengel zum Kochen bringen, den Griess einlaufen lassen und unter zeitweiligem Rühren ca. 20 Min. kochen. Zucker sowie Haselnüsse oder Sultaninen daruntermischen.
In eine kaltausgespülte Form füllen und fest werden lassen. Dann stürzen und mit beliebigem Früchtekompott oder auch verdünntem Sirup servieren.
Tip:
Dieses Gericht kann sehr gut auch mit Reis, Mais oder Hirse zubereitet werden, und anstelle einer grossen Form können wir auch Portionenförmchen verwenden!

Falsche Spiegeleier

Einen Griessbrei, wie oben beschrieben, zubereiten, doch anstatt in eine Form zu füllen, etwa 2 cm dick auf ein kaltabgespültes Kuchenblech streichen. Auskühlen lassen.
Mit einem Glas oder einer Tasse runde Plätzchen ausstechen und je eine halbe Kompottaprikose oder einen halben Kompottpfirsich darauf legen.
Tip:
Diese Griessplätzchen können nach Belieben zuerst noch mit geschlagenem Rahm oder gesüsstem, schaumig gerührtem Quark bestrichen werden!

Birnen-Charlotte

Zutaten für 4 Personen:
5—6 Weggli, 5—6 Birnen, 75 g Butter, 6—8 Essl. Zucker, 1 Glas Süssmost oder Wasser, Saft einer Zitrone.
Zucker, Zitronensaft, Süssmost oder Wasser zusammen aufkochen. Die Birnen schälen, in Schnitze schneiden und darin knapp weichkochen.
Weggli in dünne Scheiben schneiden. Die Hälfte der Butter flüssig werden lassen, die Scheiben hineintauchen und da-

mit Boden und Wände einer Auflaufform auslegen. Die ausgekühlten Birnen einfüllen und mit weiteren Weggli-scheiben zudecken; die restliche Butter darüber verteilen. Bei guter Mittelhitze etwa 30 Min. backen. Warm oder kalt geniessen.

Kirschen-Clafouti

Dazu füllen wir etwa 750 g entsteinte Kirschen in eine gebutterte Gratinform. 3 Eier, 3 Essl. Zucker, 1 Prise Salz, 4 dl Milch und 3 gestrichene Essl. Mehl vermengen wir zu einem glatten Teig und giessen ihn über die Kirschen. Bei mittlerer Hitze wird der Auflauf etwa 45 Min. gebacken und — mit Puderzucker überstreut — warm oder kalt serviert.

Apfel-Quarkauflauf

Zutaten für 4 Personen:
400 g Rahm- oder Speisequark, 120 g Zucker, 3 Eier, 1/2 Zitrone, 4 Essl. Maizena, 1 gestrichener Essl. Backpulver, 4—5 Äpfel, Butter für die Form.
Die Äpfel schälen wir, schneiden sie alsdann zuerst in Schnitze, dann in dünne Scheiben und vermischen sie sofort mit einigen Löffeln Zucker und dem Saft der halben Zitrone. Den restlichen Zucker rühren wir, zusammen mit den Eigelb und dem Quark, gut schaumig, geben die abgeriebene Zitronenschale sowie Maizena und Backpulver bei. Zuletzt ziehen wir die steifgeschlagenen Eiweiss und die Apfelscheiben sorgfältig darunter. Diese Masse füllen wir in eine gut gebutterte Form und backen den Auflauf bei Mittelhitze etwa eine Stunde.

Bratäpfel aus dem Ofen

Zutaten für 4 Personen:
8 möglichst gleichmässige Äpfel, 40 g Butter, 2 Essl. Sultaninen, 3 Essl. Zucker, 1 Essl. Zitronensaft, 1 dl Wasser.
Den ganzen, ungeschälten Äpfeln stechen wir das Kerngehäuse aus und geben in die Höhlung einige Sultaninen, etwas Zucker und 1 Stücklein Butter. Wir stellen die Äpfel in eine feuerfeste Form und giessen das Wasser, mit dem rest-

lichen Zucker und dem Zitronensaft vermischt, dazu. Bei mittlerer Hitze die Äpfel während 20–30 Min. backen. Heiss servieren, entweder nature, mit geschlagenem Rahm oder aber einer Vanillesauce!

Neueste Erkenntnisse

Neueste Erkenntnisse auf dem Gebiet der Sporternährung haben zur Entwicklung spezieller auf den Sportler und seine besonderen Bedürfnisse zugeschnittener Zusatznahrung geführt. WANDER hat sich auf die Herstellung von Sport-Ergänzungsnahrung spezialisiert und bietet einerseits das breite Ergänzungsnahrungsprogramm SPORTIVE PERFORM, andererseits das isotonische Sportgetränk ISOSTAR als Ergänzung der Normalkost an. Mit diesem vielfältigen Sortiment ist es jedem Sportler in jeder Situation und sportlich aktiven Phase möglich, dem Körper die erforderlichen Nährstoffe zur rechten Zeit zuzuführen.
SPORTIVE PERFORM 1 fördert den Muskelaufbau und die Kraftzunahme. Sportive Perform 1 ist ein Eiweisskonzentrat und besteht zu 88% aus Milcheiweiss, ergänzt durch die für den Muskelaufbau wichtigen Vitamine. Dank seinem neutralen Geschmack lässt sich Sportive Perform 1 mit vielen Speisen wie Müesli, Getränke, Suppen, Kartoffelstock etc. kombinieren.
SPORTIVE PERFORM 2 unterstützt das Training und begünstigt den Aufbau. Sportive Perform 2 ist dank seinem hohen Milcheiweissgehalt und dem durch Vitamine und Mineralstoffe ergänzten Kohlenhydratgemisch eine wertvolle Ergänzungsnahrung für die Aufbauphase sowie fürs tägliche Training; es liefert sowohl Energie als auch Baustoffe. Deshalb kann Sportive Perform 2 auch einzelne Mahlzeiten ersetzen. In flüssiger Form heisst es Sportive Perform ProDrink.
SPORTIVE PERFORM 3 aktiviert Energiereserven. Die in Sportive Perform 3 enthaltenen leicht verdaulichen Kohlenhydrate und Vitamine dienen in der Vorwettkampfphase zum Auffüllen der Energiereserven, fördern damit die Ausdauer und beugen dem «Hungerast» vor.

SPORTIVE PERFORM 4 stabilisert den Energiehaushalt und ergänzt die Mineralstoffe. Die im Sportive Perform 4 enthaltenen Mineralstoffe (Elektrolyte) ersetzen die beim Schwitzen im Wettkampf verlorenen Salze und führen dem Körper gleichzeitig Wasser und leichtverdauliche Kohlenhydrate zu. Sportive Perform 4 kann Muskelkrämpfen entgegenwirken.

SPORTIVE PERFORM 5 kompensiert den Nährstoffverlust in der Erholungsphase. Sportive Perform 5 enthält alle während der Leistung verbrauchten Nährstoffe in ausgewogener Menge und gut verdaulicher, flüssiger Form: hochwertiges Eiweiss, ein wohlschmeckendes Gemisch an Kohlenhydraten, Vitaminen und Mineralstoffen. Mit Sportive Perform 5 können dem erschöpften Körper trotz Appetitlosigkeit wichtige Regenerationsstoffe zugeführt werden.

SPORTIVE PERFORM 6 bildet als kohlenhydratreiche Zwischenverpflegung in Barrenform die ideale Energiequelle für sportliche Höchstleistungen.

Der isotonische Sofortdurstlöscher ISOSTAR enthält die beim Schwitzen verlorenen Mineralstoffe und Vitamine zusammen mit Kohlenhydraten in einer Konzentration, die derjenigen des Blutes entspricht und deshalb sehr rasch vom Körper aufgenommen werden kann. ISOSTAR kann bei jeder sportlichen Aktivität zum Einsatz kommen, bei der es gilt, einem Leistungsabfall durch Schweissverlust vorzubeugen.

Bewegung und Ernährung sind ein Team — das gilt übrigens nicht einmal so sehr für den Sportler als für den Passiven, den Zuschauer! Wo das Erste zu kurz, das Zweite zu gut wegkommt, braucht man sich über auftauchende Gebresten aller Art, Übergewicht usw. nicht zu wundern. Der Sportler weiss das und achtet deshalb darauf, dass seine Aktivität mit seiner Essweise übereinstimmt. Der Nichtsportler aber täte gut daran, sich ausgiebiger zu bewegen, dafür knapper zu ernähren — er würde und bliebe gesünder, beweglicher, leistungsfähiger und lebensfreudiger!

Rezeptverzeichnis

Anhang

Was sollte gegessen werden?

von Walter Schudel

Die Nahrung vor dem Wettkampf
Empfohlen werden:

Kalbfleisch: Sämtliche Fleischstücke und deren Zubereitungsarten wie z. B. Geschnetzeltes, Blanquette, Sauté, Braten glaciert, grillierte Schnitzel und Kotelettes, Steaks und Filets. Leber geschnetzelt oder in Tranchen. Kalbshaxe oder Kalbszunge.
Bemerkungen: Die Innereien (mit Ausnahme von Kalbsleber) sind im allgemeinen schwerverdaulich und sollten weggelassen werden.

Rindfleisch: Huftschnitzel, Filets, Entrecôtes, Roastbeef, Hohrücken, Schmorbraten, Ragouts, Hackfleisch, Siedfleisch (nicht zu fett), Bündnerfleisch.
Bemerkung: Ausser den Innereien könnten praktisch alle mageren Fleischstücke verwendet werden, aber da die Stücke vom Stotzen lange Schmor- resp. Siedezeiten haben, besitzen sie nachher nicht mehr den selben Wert (Eiweiss, Mineralsalz).
Hackfleisch sollte unbedingt frisch und nicht fettig sein.

Schweinefleisch: Schweinsfilet, Steak, Schinken (mager und nicht scharf), Frühstückspeck.
Bemerkung: Im allgemeinen und besonders in wärmeren Jahreszeiten sollte sehr wenig Schweinefleisch gegessen werden (immer gut durchbraten).

Lamm/Schaffleisch: Rücken (Côtes et chops), Keule.

Geflügel: Poulets, Poularden (wenn möglich frisch), Truthahn.

Fisch: Süsswasserfische wie: Forellen, Felchen, Egli, Aeschen etc. Salzwasserfische wie: Seezungen, Dorsch, Flunder, Steinbutt, etc.

Bemerkung: Fische besitzen hochwertiges Eiweiss und sind in der Regel leicht verdaulich. Hingegen machen die Zubereitungsarten wie: Nach Müllerinnen-Art, gebacken und mit verschiedenen Saucen, die Fischgerichte eher schwer verdaulich.

Gemüse: Spinat puriert, Salat (Kopfsalat, Endivie, Nüssli etc.) Karotten, Sellerie, Randen, Kartoffeln, Artischocken, Fenchel, Peperoni, Auberginen, Zucchetti.
Kräuter wie: Rosmarin, Majoran, Thymian, Estragon, Salbei, Kerbel usw.
Bemerkung: Als Trainings- und Aufbaunahrung sollten täglich Salate (Kopfsalat) gegessen werden. Gurken und Rettich sind nicht zu empfehlen. Im allgemeinen weisen Kohlblätter niedrigere Nährstoffgehalte auf als andere Blattgemüse. Höchstens im rohen Zustand als Salat (aber nicht vor Wettkampf) ergeben sie den biologischen Wert.
Die oben erwähnten Kräuter (frisch oder getrocknet), geben den Speisen ein gutes Aroma und helfen grösstenteils bei der Verdauung mit.
Hülsenfrüchte (weisse Bohnen, Linsen, Erbsen) sind sehr reich an Eiweiss. 1—2 mal im Monat, aber nicht unmittelbar vor dem Wettkampf.

Kartoffeln: Die Kartoffel darf als die reichhaltigste und billigste einheimische Vitamin-C-Quelle bezeichnet werden. Ebenso wertvoll sind ihre verschiedenen Mineralsalze und Spurenelemente. Die Kartoffeleiweisse sind zwar mengenmässig gering, nur rund 2%, aber sie weisen mit einem Wert von 80 die höchste biologische Eiweiss-Wertigkeit aller pflanzlichen Produkte auf.

Früchte: Äpfel, Orangen, Bananen, Trauben, Melonen, Grapefruit, Birnen, Feigen, Mandeln, Nüsse, Rosinen, Zitronen, Pfirsich-, Kirsch-, Aprikosen- und Zwetschgenkompott, Hagebutten, schwarze Johannisbeeren, Heidelbeeren.
Bemerkung: Sämtliche Obstarten sind reich an Vitaminen, Fermenten und Mineralstoffen, allen voran ist der Apfel zu erwähnen. Von ausserordentlich grosser Bedeutung sind die Frucht- und Obstsäfte und natürlich Milch-Fruchtgemische.

Getreideprodukte: Reis, Mais, Hirse, Haferflocken, Teigwaren, Griess, Mehl, Vollkornbrot, Knäckebrot, Zwieback, Biscuits.
Bemerkung: Weissmehl und Weissmehlprodukte sind wenn möglich durch Vollkornmehl und Vollkornprodukte zu ersetzen, wie Vollkornbrot, Pumpernickel, Grahambrot, Knäckebrot etc. Haferflocken als Suppe, Brei und Birchermus sollten öfters serviert werden.

Suppen: Haferkern-, Graziella- (Griessuppe), Florida- (Gemüsesuppe), Tomaten-, Einlauf-, Flädli-, Fideli-, Frühlings-, Spargel-, Geflügelcreme-, Kartoffel- und Nudelsuppe mit Huhn.
Bouillon (Fleischsuppe, Consommé).

Fette und Öle: Butter, pflanzliche Öle wie Maiskeim-, Sonnenblumen-, Erdnuss- und Olivenöl, Kokosfett.
Bemerkung: Fette und Öle sind kalt leichter verdaulich, als wenn sie erhitzt sind. Auf keinen Fall überhitzen (verbrennen). Kokosfett enthält keine Vitamine, ist aber leicht verdaulich. Im allgemeinen sollten die Sportler keine grossen Mengen Fett zu sich nehmen, da dadurch die Überbeanspruchung der inneren Organe wie: Bauchspeicheldrüse, Leber und Galle die sportlichen Leistungen behindern. (Ausnahme: Milch und Milchprodukte).

Milch und Milchprodukte: Vollmilch (past. Milch), Rahm, Butter, Käse, Joghurt, Quark, Dessert-Cremen und Puddings.
Bemerkung: Milch enthält alle Nährstoffe und ist in leicht aufnehmbarer Form das ideale, kräftigende Getränk. Milch und Milchprodukte sind hochwertige Eiweissquellen. Milch und Milchprodukte sollten immer genügend vorhanden sein.

Quark ist ein sehr wertvolles Nahrungsmittel und zeichnet sich durch den hohen Gehalt an Eiweiss und Mineralstoffen (Calzium und Phosphor) aus. Speisequark ist arm an Fett und lässt sich deshalb mit Vorteil in Abmagerungsdiäten einbauen.

Joghurt: Die Joghurt-Bakterien bilden im menschlichen Organismus wertvolle Stoffwechselprodukte, welche imstande sind, die Entwicklung von Fäulnis- und Krankheitserregern im Darm zu hemmen und in der Folge die Verdauung weitgehend zu fördern.

Eier: Das Ei enthält wesentliche Mengen an Mineralsalzen wie Calzium, Natrium, Magnesium, Kalium, Phosphat, Chlor, aber auch Eisen, Kupfer, Mangan und Kobalt. Das Ei kann ganz wesentlich zur Vitaminversorgung beitragen. Es enthält, mit Ausnahme des Vitamin C, fast alle Vitamine. Da man die lebenswichtigen Aminosäuren in grösster Menge im Eigelb, in frischer Milch, Leber und Nieren finden kann, haben diese Nahrungsmittel den grössten Proteinwert.
Nachteil: Eigelb ist besonders cholesterinreich. 100 g Eigelb — 1800 mg Cholesterin.
Die Verdaulichkeit der Eier ist je nach der Zubereitung ganz verschieden. Das rohe Ei ist im Gegensatz zum hartgesottenen Ei am gehaltvollsten. Weiche Eier mit noch flüssigem Eiweiss, die nur 3 bis 3½ Minuten gekocht werden, sind bekömmlicher als hartgekochte Eier. Das gilt immer noch für wachsweiche und pochierte Eier mit einer Kochzeit von 4 bis 4½ Minuten.

Getränke: Milch, Ovomaltine, Pront Ovo, Milchkaffee. Tee: Hagebutten-, Lindenblüten-, Pfefferminztee. Gemüse-, Obst- und Fruchtsäfte. Trinkbouillon (Consommé riche).

Zwischenverpflegung: Ovo Sport, Biscuits, Knäckebrot, Trockenfrüchte, Äpfel, eventuell Orangen, Traubenzucker, Tee, entfettete Bouillon.

Diverses: Eier, Hefe-Extrakte, Lebertran.

Bemerkung: Vollkornprodukte, Milch, Gemüse und Früchte zählen zu den wichtigsten Ernährungshilfen des Sportlers.

Im allgemeinen sollte verzichtet werden auf:

- fette Speisen, fette Bouillon;
- fettes Fleisch (Schweinefleisch), Wild, Innereien (mit Ausnahme von Kalbsleber), Enten- und Gänsebraten;
- alle Aufschnitt- und Wurstwaren (Brät) mit Ausnahme von magerem Schinken und Bündnerfleisch;
- fetthaltige Fische, Krustentiere, Fischkonserven;
- fette Saucen (Mayonnaise, Hollandaise) mit Mehl gebundene Saucen, bei welchen das Mehl zu wenig ausgekocht ist;
- blähendes und schwerverdauliches Gemüse wie z. B. Kohl, Blumenkohl, Sauerkraut, Zucchetti, Gurken, Blattspinat, frische Erbsen, Zwiebeln, Pilze;
- stark gewürzte Speisen;
- frisches Brot, Weissmehlprodukte, Blätterteig, Crème- und Rahmpâtisserie usw.;
- Weisswein, Alkohol, Apéro, kohlensäurehaltige Getränke, eisgekühlte Getränke.

*

Mineralstoffe und Spurenelemente in der Sporternährung

siehe Beitrag Seite 31

Täglicher Bedarf eines Nichtsportlers	Täglicher Bedarf bei 70 kg Kö im Kraft- und Schnellkraftsport	Täglicher Bedarf bei 70 kg Kö Ausdauersport	Sportmedizinische Bedeutung	Vorkommen in folgenden Speisen
Kalium K 2 g	4—5 g	4—5 g	Wirkung auf Muskeltonus und Herzarbeit. Beeinflusst Kohlenhydratmetabolismus. Isotonie, Isoionie.	Früchte, Gemüse, Spinat, weisse Bohnen, u. a., Hülsenfrüchte, Fleisch.
Natriumchlorid NaCl 5 g	10 g	15—25 g	Isotonie, Isoionie. Bei Mangel Muskelkrämpfe, Oedeme, Harnmangel (Oligurie).	Tafelsalz, Käse, Fleisch, Fisch, Eier. Chlor auch in Oliven, Schalentieren.
Kalzium Ca 800 mg	2—2,5 g	1,5—2 g	Stützsubstanz der Knochen und Zähne.	Milch, Käse aller Art, Broccoli, Porree, Salat, Rübenblätter, Mohn.
Phosphor P 800 mg	3,5—4 g	3—3,5 g	Wichtig für Muskelkontraktion (Glykogenabbau). Festigt Knochen/Zähne. Baustein von Kerneiweissen, Enzymen. Reguliert Säure-Basen-Haushalt.	Käse, Milchprodukte, Eier, Hafermehl, Weizen, Vollkornbrot, Hülsenfrüchte, Nüsse, Pilze, Kakao, Leber, Niere, Fleisch, Fisch (bes. Rogen, Kaviar).
Magnesium Mg 350 mg	2—3 g	1,5—2 g	Hemmt zu starke neuromuskuläre Reizbarkeit, aktiviert Enzyme. Knochenbaustein.	Grüngemüse, Getreide, Mais, Hülsenfrüchte, Hefe, Nüsse, Kakao.

Täglicher Bedarf eines Nichtsportlers	Täglicher Bedarf bei 70 kg Kö im Kraft- und Schnellkraftsport	Ausdauersport	Sportmedizinische Bedeutung	Vorkommen in folgenden Speisen
Schwefel S 1 g	kaum erhöht	kaum erhöht	Baustein von Eiweiss (Aminosäuren), von Insulin, Vitaminen u. a.	Eier, Käse, Hülsenfrüchte, Gerste, Hafer, Fleisch, Fisch, Kakao.
Eisen Fe 10 mg	20 mg	30 mg	Baustein von Hämoglobin und Myoglobin sowie Enzymen.	Leber, Eigelb, Früchte, Beeren, Oliven, Rosinen, Artischocken, Fenchel, Petersilie, Salat, Spinat, Kohl.
Jod J 0,1 mg	0,3 mg	0,2 mg	Baustein des Schilddrüsenhormons Thyroxin	Meerfische, Schalentiere, Lebertran, Fischrogen, Eier, Milch, Salz, Wasser.
Kupfer Cu 2 mg	kaum erhöht bzw. unbekannt	kaum erhöht bzw. unbekannt	Erythrocytenbildung, Pigmentbildung im Bindegewebe.	Eiereiweiss, Fleisch.
Kobalt Co	kaum erhöht bzw. unbekannt	kaum erhöht bzw. unbekannt	Für Vitamin B^{12}-Aufbau	Leber, Milz, Niere, Auster
Aluminium Al	kaum erhöht bzw. unbekannt	kaum erhöht bzw. unbekannt	Geringe biologische Wirkung	Quellwasser, aus aluminiumhaltigem Kochgeschirr.
Nickel Ni 0,5 mg	kaum erhöht bzw. unbekannt	kaum erhöht bzw. unbekannt	Blutbildung, Insulinbildung	Getreide, Gemüse, Früchte

Mangan Mn 4 mg	kaum erhöht bzw. unbekannt	kaum erhöht bzw. unbekannt	Fördert Cholesterinsynthese, hemmt Hypertonie (Blutdruck-erhöhung).	Heidelbeeren, Zwiebel, Salat, Kohl, Hefe, Nüsse.
Zink Zn 20 mg	kaum erhöht bzw. unbekannt	kaum erhöht bzw. unbekannt	Begünstigt Wundheilung. Wichtig für Wachstum und Gonadenfunktion (Hoden, Eierstöcke).	Leber, Rogen, Pilze, Nüsse, Hülsenfrüchte, Haferflocken, Gewürze.
Fluor F 0,5 mg	kaum erhöht bzw. unbekannt	kaum erhöht bzw. unbekannt	Knochen- und Zahnbildung	Wasser, Tee, Meerfische.
Bor B	kaum erhöht bzw. unbekannt	kaum erhöht bzw. unbekannt	Für Verdauungsenzyme, antiallergische Wirkung.	Hülsenfrüchte, Nüsse, Grün-gemüse, Gewürze, Tee.
Chrom Cr	kaum erhöht bzw. unbekannt	kaum erhöht bzw. unbekannt	Senkt u. a. Fettstoffwechsel, Glukosetoleranzfaktor	Gewürze, Tee, Weizenkeime, Melasse.
Molybdän Mo	kaum erhöht bzw. unbekannt	kaum erhöht bzw. unbekannt	Gegen Karies, für manche Enzyme.	Hülsenfrüchte, Blattgemüse, Leber, Niere.
Selen Se	kaum erhöht bzw. unbekannt	kaum erhöht bzw. unbekannt	Fragliche Verlangsamung des Alterungsprozesses.	Abhängig vom Bodengehalt, Nieren, Knoblauch.
Vanadium V	kaum erhöht bzw. unbekannt	kaum erhöht bzw. unbekannt	Geringe biologische Bedeutung.	Mineralwasser, gewisse Pflanzen-öle.

Vitamine in der Sporternährung

siehe Beitrag Seite 32

Täglicher Bedarf eines Nichtsportlers	Täglicher Bedarf bei 70 kg Kö im Kraft- und Schnellkraftsport	Täglicher Bedarf bei 70 kg Kö im Ausdauersport	Sportmedizinische Bedeutung	Vorkommen in folgenden Speisen
Vitamin A/1,5 mg (5000 IE) (Axerophtol, Retinol, Carotine)	2 mg (6500 IE)	2 mg (6500 IE)	Verhindert Augenerkrankungen, Nachtblindheit und Haut-Schleimhautschäden, steigert Stoffwechsel.	Lebertran, Milch und Milchprodukte, Fisch, Eigelb. Als Carotine in Spinat, Tomaten, Aprikosen, Karotten.
Vitamin D 2 mg (400 IE) Calciferol	2 mg	2 mg	Verhindert Rachitis bei Kindern und schlechte Heilung von Knochenfrakturen Erwachsener.	Leber, Milch, Butter, vollfette Käse, Eidotter, Lachs, Hering, Lebertran (Sonnenlicht).
Vitamin E 5 mg (Tocopherol)	7 mg	10 mg	Verhindert Störungen im Leber- und Muskelstoffwechsel sowie der Regelblutung bzw. habituelle Fehlgeburten.	Weizenkeime, Pflanzenöle, Kohl, Erbsen, Petersilie, Sellerie, Bohnen, Leber, Niere.
Vitamin K_1, K_2 0,1 mg	unbekannt		Verhindert Blutungsneigung	Gemüse, Spinat, Tomaten, Sauerkraut, Winterkohl, Sojabohnen, Leber.
Vitamin B_{12}/ 0,005 mg (extrinsic factor)				Leber, Niere, Schnecken, Geflügel, Quark, Käse, Eigelb.

Vitamin C 70 mg (Ascorbinsäure)	100—200 mg	200—300 mg	Verhindert Skorbut mit Zahnfleischblutungen und Lockerungen der Zähne, Infektionen, Schleimhautentzündungen, Leistungsverminderung, Gelenkschmerzen, Degeneration der Muskelstruktur.	Zitrusfrüchte, Beeren, Tomaten, grüner Pfeffer, Grünsalat, Kartoffeln, Melonen, Meerrettich, Spinat, Hagebutten.
Vitamin B_1/1,5 mg (Thiamin, Aneurin)	4—6 mg	6—10 mg	Verhindert Schäden am Nervensystem und am Herzen (Beriberi-Herz) sowie Magendarmstörungen.	Hefe, Weizenkeime, Vollkornbrot, Erbsen, Erdnüsse, Eigelb, Milch, Fleisch, Leber, Niere.
Vitamin B_2/2 mg (Riboflavin)	3 mg	4 mg	Verhindert allgemeine Körperschwäche, Hautschäden und nervöse Störungen z. B. der Koordination.	Alle Innereien, Fleisch, Fisch, Milch, Käse, Eier, Hefe, Getreide, Blattgemüse.
Niacin, Nicotinsäure 18—21 mg (Vitamin PP)	25 mg	30 mg	Verhindert Pellagra, Haut- und Schleimhautentzündung (Mund, Zunge, Darm), Nervensystemschäden und Depressionen.	Hefe, Vollkornbrot, Getreidekeime, Innereien, Fleisch, Bohnenkaffee, grüne Erbsen.
Folsäure 0,2—0,5 mg	wahrscheinlich etwas erhöht		Verhindert Störungen der Blutbildung und der Speiseresorption im Darm.	Kartoffeln, Leber, Niere, Milch, Käse, Frischgemüse, Kalbfleisch, Cerealien.
Biotin 0,15—0,3 mg (Vitamin H)	wahrscheinlich etwas erhöht		Verhindert Hautabschuppungen, Muskelschwäche, Störungen der Blutbildung und des peripheren Nervensystems.	Nüsse, Hefe, Eigelb, Milch, Schokolade, Blumenkohl, Spinat, Erbsen, Lachs, Pilze, Huhn, Fleisch.

Täglicher Bedarf eines Nichtsportlers	Täglicher Bedarf bei 70 kg Kö im Kraft- und Schnellkraftsport	Täglicher Bedarf bei 70 kg Kö im Ausdauersport	Sportmedizinische Bedeutung	Vorkommen in folgenden Speisen
Pantothensäure 10 mg	wahrscheinlich etwas erhöht		Verhindert neuromuskuläre Störungen, Muskelschwäche, Infektbereitschaft, Verdauungsstörungen.	Hefe, Eigelb, Broccoli.
Vitamin B_6/1,8 mg (Adermin, Pyridoxin)	wahrscheinlich etwas erhöht		Verhindert Hauterkrankungen und Wachstumsstörungen, ebenso Anämien und Störungen des Zentralnervensystems.	Hefe, Getreide, Leber, Niere, Fleisch, Eigelb, Milch.
Polyensäure/7—8 g (Linolsäure, Vitamin F)	unbekannt		Verhindert Blutcholesterinerhöhung, Hautschäden und Haarverluste.	Sonnenblumenöl, Sojaöl, Baumwollöl, Erdnussöl.
Vitaminoid (Rutin, Citrin) P/30 mg	unbekannt		Verhindert erhöhte Blutgefässdurchlässigkeit	Zitrusfrüchte, Hagebutten, schwarze Johannisbeeren, Tee.
Inosit 1 g	unbekannt		Verhütet Störungen der Leberfunktion und des Wachstums.	Innereien, Herz, Hirn, Früchte, Gemüse, Gurken.
Cholin 0,5—1 g	unbekannt		Verhütet Leberverfettung.	Eigelb, Leber, Niere, Fleisch, Pilze, Nüsse.

Literatur

zum Beitrag von Prof. Dr. K. Biener

AAPHER: American Association for Health, Physical Education and Recreation. Nutrition for Athletes. Washington D.C., 1972.

Albonico, H. und G.: Kochen im Ferienlager. Orell Füssli Verlag, Zürich 1985.

American Dietetic Association: Nutrition and physical fitness. J. Amer. Diet. Assoc. *5,* 437 (1980).

Angeloni A.: Die Ernährung in den Wintersportarten. Med. Sport, Torino 20, 198 (1967).

Åstrand P. O.: Diet and athletic performance. Fed. Proc. 26; 1772 (1967).

Åstrand P. O..: Diät und Sportleistungen, Condition *3,* 2 (1970).

Åstrand P. O.: Nutrition and physical performance. Food, Nutrition and Health. World Rev. Nutr. Diet., Vol. *16,* 59 (1973).

Auer F. und Biener K.: In: Biener K.: Sporthygiene und präventive Sportmedizin. Verlag Huber, Bern 1972.

Berghold F., Bachl N., Hamar D., Erd E.: Metabolische Beanspruchungen im Tourenskilauf. Deutsche Z. Sportmed. *12,* 407 (1984).

Bergström J., Hermansen L., Hultman E. et al.: Diet, muscle glycogen and physical performance. Acta Physiol. Scand. *71,* 140 (1967).

Bergström B. et al.: Acta Physiol. Scand. Stockholm *71,* 140 (1976).

Bergström J. and Hultman E.: Nutrition for maximal sports performance. J. amer. Med. Ass. *221,* 999 (1972).

Biener K.: Alpinismus – Präventivmedizin, Höhenmedizin, Sportmedizin. Habegger Verlag Derendingen/SO 1984.

Biener K.: Fussball – Sportmedizin, Sporternährung, Sportunfälle. Habegger Verlag Derendingen/SO 1985.

Biener K.: Vorschlag zur Ernährung von Schwerathleten in der Vorbereitung auf Meisterschaften. Schwerathletik *4,* 14 (1957).

Biener K.: Sporthygiene und präventive Sportmedizin. Verlag Huber, Bern 1972.

Biener K.: Sportmedizin – Profile der Einzelsportarten Band 1 (Fussball, Handball, Radsport, Reitsport, Schwimmen, Tennis, Tischtennis). Habegger Verlag Derendingen/SO 1982.

Biener K.: Sportmedizin – Profile der Einzelsportarten Band 2 (Leichtathletik, Kunstturnen, Landhockey, Schiessen, Ski alpin und nordisch). Habegger Verlag Derendingen/SO 1983.

Biener K.: Sportmedizin – Profile der Einzelsportarten Band 3 (Kanu, Rudern, Orientierungslauf, Judo, Wasserball, Eishockey). Habegger Verlag Derendingen/SO 1985.

Biener K.: Ernährung im Fussballsport. Sportarzt und Sportmedizin *7,* 161 und *8,* 187 (1975).

Biener K. und Schär M.: Gesundheit und Krankheit der Bevölkerung. Hans Huber Verlag, Bern (im Druck).

Bircher R.: Möglichkeiten der Sporternährung (I). Schweiz. Turnen *14,* 387 (1972).

Böhlau V.: Vitamin E. Notamed-Verlag, D-Melsungen 1984.

Breuer Rosmarie: Praktische Ernährungsempfehlungen für Sportler. Ernährungslehre und -praxis, Hefte *1* und *2* (1981).

Breuer Rosmarie: Optimale Ernährung im Sport. Gronenberg-Verlag, Grunnersbalk 1981.

Caluori P.: Sportmedizinische Untersuchungen und Erhebungen bei Tennisspielern. Dissertation, Medizinische Fakultät der Universität Zürich 1975.

Carlsson J. and Saltin B.: Diet, muscle glycogen and endurance performance. J. Appl. Physiol. *31,* 203 (1971).

Clements F. W.: Vitamin and Mineral Supplemention. Med. J. Austral. *19,* 595 (1975).

Christensen E. H.: Das Essen und Trinken des Sportlers. Sportmed. Schriftenreihe Wander, Bern 1958.

Consolazio F., Johnson H. L., Nelson R. A., Dramise J. G. and Skala J. H.: Protein metabolism during intensive physical training in the young adult. Amer. J. Clin. Nutr. *28,* 29 (1975).

Costill D. L., Sparks K., Gregor R.: Muscle glycogen utilization during exhaustive running. J. Appl. Physiol. *31,* 353 (1971).

Costill D. L.: Metabolic responses during distance running. J. Appl. Physiol. *28,* 251 (1970).

Creff A. F. et Bérard L.: Guide alimentaire du sportif. Edit. Stock, Paris 1966.

Cooper K. H. und M.: Bewegungstraining für die Frau. Verlag Fischer (Taschenbuch), Frankfurt/M., 1978.

Després, J., Bouchard, C., Tremblay, A., Savard, R. and Marcotte, M.: Effect of Aerobic Training on Fat Distribution in Male Subjects. Med. Sci. Sports Exerc. *17,* 113 (1985).

di Stefano C. M., Ruggiero M., Morelli S.: Sugar mixtures and differential absorption during muscular exertion in the athlete. Boll. Soc. Ital. Biol. Sper. *24,* 2608 (1979).

Donath R., Schüler K.: Ernährung der Sportler, Sportverlag Berlin 1972.

Donike M., Hollmann W., Stratmann D.: Das Verhalten der individuellen FFS unter körperlicher Belastung. Sportarzt und Sportmed. *25,* 274 (1974).

Dörling, E.: Bio-Strath und Leistungssteigerung. Eine Doppelblindstudie an 60 Probanden. Swiss Pharma *3,* 27 (1981).

Dufaux B., Hoederath A., Heck H., Schürch P., Mader A., Gola R., Order U., Hollmann W.: Einfluss von körperlicher Belastung und Training auf das Serumferritin. Sportarzt und Sportmed. *9,* 253 (1980).

Editorial: Diet and athletic performance. J. Hum. Nutr. *4,* 241 (1980).

Fahrer H.: Medizinisch-praktische Erfahrungen einer Hochgebirgsexpedition. Schweiz. Z. Sportmed. *2* 59 (1983).

Fasser M.: Einfluss von Flüssigkeitsverlust und Flüssigkeitszufuhr auf das Dauerleistungsvermögen. Sportwissensch. Kolloquium, ETH Zürich 1979.

Forgac M. T.: Carbohydrate loading — a review. J. Amer. Diet. Ass. *1,* 42 (1979).

Friedrich H.: Sportmedizinische Untersuchungen und Erhebungen bei Handballspielern. Dissertation, Medizinische Fakultät der Universität Zürich 1974.

Friedrich F.: Ernährung bei Sport und körperlicher Belastung. Ernährungsumschau *8,* B 29 (1972).

Froesch E. R.: Hypoglykaemie. In: Labhardt A. (Hrsg.): Klinik der Inneren Sekretion. Springer, Berlin/Heidelberg/New York 1978.

Graefe H.-K.: Optimale Ernährungsbilanzen für Leistungssportler. Akademie-Verlag, Berlin 1964.

Grandjean E.: Lebensweise und Ernährung des Matchschützen (o.J). Institut für Hygiene und Arbeitsphysiologie der ETH Zürich.

Hadorn B., Tromp D., Schütz B., Schudel W.: Richtlinien für die Ernährung von Hochleistungssportlern. Trainer-Information Nr. 2. ETS Magglingen, 6. Auflage 1978.

Hartmann G.: Alpiner Hochleistungstest. Hans Huber Verlag, Bern 1973.

Hech H., Hess G., Mader A.: Vergleichende Untersuchung zu verschiedenen Laktat-Schwellenkonzepten. Deutsche Z. Sportmed. *1* und *2,* 40 (1985).

Hermansen L., Hultman E., Saltin B.: Muscle glykogen during prolonged severe exercise (Muskelglykogen während starker Ausdauerbelastung). Acta physiol. scand., Stockholm *71,* 129 (1967).

Hinghofer-Szalkay H.: Physical exertion and carbohydrates. Körperliche Belastung und Kohlenhydrate. Wien. Med. Wochenschrift *19,* 532 (1979).

Hollmann W., Karcher H., Stolte D.: Über den Einfluss einer Kohlenhydratdiät auf das kardiopulmonale- und Ausdauer-Leistungsverhalten. Sportarzt und Sportmedizin *3,* 55 (1973).

Houston M. E.: Nutrition and ice hockey performance. Can. J. Appl. Sport. Sci. *1,* 98 (1979).

Howald H.: Anatomische, physiologische und biochemische Grundlagen der Muskelkontraktion. ETS Magglingen 1971.

Howald H., Maier R., Hess R., Imhof P., Imhof U.: Kohlenhydrat- und Fettstoffwechsel bei 15-km-Skilangläufern. Schweiz. Z. Sportmed. *19,* 41 (1971).

Israel S., Weber J.: Probleme der Langzeitausdauer im Sport. Verlag Barth, Leipzig 1972.

Jakowlew N. N.: Lebensweise und Ernährung des Sportlers. Sportverlag Berlin 1953.

Jakowlew N. N.: Ernährung des Sportlers am Wettkampftag. Sportverlag Berlin 1958.

Jokl E.: Persönliche Mitteilung.

Keller U.: Hypoglykaemie: Abklärung und Ursachen. Schweiz. Med. Wschr. *110,* 495 (1980).

Keul J., Haralambie G.: Lipidstoffwechsel und Körperarbeit. Med. Welt *21,* 1689 (1970).

Keul J., Doll E., Haralambie G.: Freie Fettsäuren, Glycerin und Triglyceride im arteriellen unf femoralvenösen Blut vor und nach einem vierwöchigen körperlichen Training. Pflügers Arch. *316,* 194 (1970).

Keul J., Doll E., Keppler D.: Muskelstoffwechsel. Barth, München 1969.

Kindermann W., Keul J.: Anaerobe Energiebereitstellung im Hochleistungssport. Hofmann, Schorndorf 1977.

Kindermann W.: Fettstoffwechsel positiv beeinflussen. Fitness-Letter *10,* 146 (1981).

Kindermann W., Hort W.: Sportmedizin für Breiten- und Leistungssport. Kongressbericht Sportärztekongress Saarbrücken 1980. Demeter Verlag, Gräfelfing 1981.

Köhler E., Scheibe J., Israel S.: Die Veränderungen von Stoffwechselstörungen während und nach einer extensiven Ausdauerbelastung. Med. und Sport *16,* 356 (1976).

Konopka P.: Ernährung im Strassenradrennsport. Schweiz. Z. Sportmed. *1,* 11 (1983).

Konopka P.: Sport, Ernährung, Leistung. Wander GmbH, Osthofen 1984.

Krüger A. und Stratmann D.: Langstreckenläufer als Testpersonen. Richtige Ernährung mit Eiweiss. Condition *3,* 26 (1975).

Lewis S. and Gutin B.: Nutrition and endurance. Amer J. Clin. Nutr. *26,* 1011 (1973).

Marmy R.: Die Lebensgewohnheiten von Spitzensportlern. Dissertation, Medizinische Fakultät der Universität Zürich 1971.

Mellerowitz H.: Ergometrie. Grundriss der medizinischen Leistungsmessung. Verlag Urban und Schwarzenberg, München 1979.

Miller W. J., Sherman W. M., Ivy J. L.: Effect of strength training on glucose tolerance and post-glucose insulin reponse. Med. Sc. Sports *6,* 539 (1984).

Mohler H.: Sport und Ernährung. In: Sinn und Unsinn unserer Ernährung. Verlag Sauerländer, Aarau/Frankfurt/M. 1972, S. 222–252.

Morehouse L. E., Rasch P. J.: Nutrition. In Sports Medicine for Trainers, 2nd Edition. W. B. Saunders Co., Philadelphia and London 1963.

Noakes T. D.: Sugar for energy in marathon running. S. Afr. Med. J. *2,* 46 (1981).

Nöcker J.: Ernährung und Leistung. Internist *8,* 269 (1970).

Nöcker J.: Die Ernährung des Sportlers. Verlag Hoffmann, Schorndorf 1978, S. 25ff.

Nowacki P, Böhmer D. (Hrsg.): Sportmedizin. Aufgaben mit Bedeutung für den Menschen unserer Zeit. Kongressbericht Sportärztekongress Bad Nauheim 1978. Thieme Verlag, Stuttgart 1980.

Oberholzer F.: Die Ernährung des Sportlers. Jugend und Sport *4,* 125 (1964).

Paul P.: Effects of long lasting physical exercise and training on lipid metabolism. In: Howald H., Poortmans J. R.: Metabolic adaption to prolonged physical exercise. Birkhäuser, Basel 1975.

Pernow B., Saltin B.: Availability of substrates and capacity for prolonged heavy exercise in man. J. Appl. Physiol. *31,* 416 (1971).

Pettenkofer M. und Voit C.: Untersuchungen über den Stoffverbrauch des normalen Menschen. Z. Biologie *2,* 459 (1866).

Prokop L.: Vitamin E und Leistungsfähigkeit. Österr. Z. Sportmed. *3,* 26 (1981).

Prokop L.: Vitamine und Sportleistung. Med. und Ernährung *8,* 174 (1961) und *2,* 199 (1961) sowie Oesterr. J. Sportmed. *3,* 26 (1981).

Prokop L.: Die Kohlehydrate der Milch. Oesterr. J. Sportmed. *2,* 30 (1981).

Pruett E.: Glucose and insulin during prolonged work stress in men living on different diets. J. Appl. Physiol. *28,* 199 (1970).

Rivolier J.: Ernährung und Sport. Panorama 4 (Juli 1964).

Saltin B., Carlsson J.: Die Ernährung des Sportlers. In: Hollmann W.: Zentrale Themen der Sportmedizin. Verlag Springer, Heidelberg 1972, S. 100ff.

Saltin B., Hermansen L.: Glycogen stores uptale in athletes. J. Appl. Physiol. *23,* 353 (1967).

Saltin B., Karlsson J.: Muscle glycogen utilization during work of different intensities. In: Pernow B., Saltin B. (Eds.): Muscle Metabolism during Exercise. New York, Plenum Press, 1971.

Schober H.: Die Ernährung. In: Sportmedizin, Leitfaden für Ärzte, Trainer und Aktive. Verlag Fischer, Frankfurt/M 1978. 2. Auflage.

Schönholzer G.: Überlegungen über die Rolle von Wasser und Kochsalz in der Wettkampfernährung des Sportlers. Schweiz. Z. f. Sportmed. *2,* 44 (1960).

Schönholzer G.: Über die Bedeutung der Milch bei Arbeit und Sport. Z. Präventivmed. *5,* 267 (1960).

Schönholzer G.: Was trinkt der Sportler? Schweiz. Z. f. Sportmed. *3,* 113 (1969).

Schürch P., Rinke J., Hollmann W.: Über das Verhalten der individuellen freien Fettsäuren unter dem Einfluss von Ausdauertraining, kohlehydratarmer fettreicher Diät und Alkohol. Deutsche Z. Sportmed. *3,* 68 (1981).

Schürch P., Reinke A., Radimsky J., Spiekermann E., Hollmann W.: Das Verhalten der Blutglukose unter körperlichen Belastungen in Abhängigkeit von kohlehydratreduzierter Diät, Alkohol und Training. Schweiz. Z. Sportmed. *3,* 77 (1981).

Schwarzenbach, F. H.: Experimentelle Prüfung eines Hefepräparates in einer Periode hoher körperlicher Beanspruchung. Jugend und Sport *6,* 3 (1976).

Sharman I. M.: Glycogen loading: advantages but possible disadvantages. Brit. J. Sports. Med. *1,* 64 (1981).

Somogyi J. C. and de Wijn J. F. (Hrsg.): Nutritional aspects of physical performance. Verlag Karger, Basel 1979.

Stransky M., Graf H.-P., Biener K., Schär M.: Grösse, Gewicht und Ernährungsgewohnheiten berufstätiger Frauen. Schweiz. Rundschau Med. (PRAXIS) *71,* 1985 (1982).

Stucke K., Kron W., Schardt G., Ertel H. M., Schiller R.: Der Einfluss oraler Magnesiumzufuhr auf die Leistungsfähigkeit des menschlichen Organismus unter standardisierter ergometrischer Belastung. Sportarzt und Sportmed. *1,* 22 (1979).

Taylor A. W.: The effects of different feeding regimens and endurance exercise programs on carbohydrate and lipid metabolism. Can. J. Appl. Sport Sci. *2,* 126 (1979).

Wahren J.: Clucose turnover during exercise in man. Ann. N.Y. Acad. Sci. *301,* 45 (1977).

Wahren J., Felig P., Ahlborg G. et al.: Glucose metabolism during exercise in man. J. Clin. Invest. *50,* 2715 (1971).

Wanner H.-U.: Flüssigkeitsaufnahme bei Dauerleistung. Schweiz. Z. Sportmed. *4,* 112 (1980).

Widmer S. und Erni H. (illustr.): Milon. Legende eines Athleten. Ex Libris Verlag, Zürich 1972.

Wiesener H.: Untersuchung zur Verwendung von Stutenmilch. Berl. Med. *21,* 589 (1963).

Williams J. G. P.: Sports Medicine. Edward Arnold Publ., London 1962.

Winter Ch., Köhler E.: Zu einigen Aspekten der Applikation von Vitamin C im Sport. Med. u. Sport *1,* 20 (1985).

Zung Vu Tran, Weltman A., Glass G. V., Mood D. P.: The effects of exercise on blood lipids and lipoproteins: a meta-analysis of studies. Med. Sci. Sports *5,* 393 (1983).